desligue

SUZE YALOF SCHWARTZ
com DEBRA GOLDSTEIN

desligue

Um guia simples de meditação
para céticos, ocupados e todos
que buscam uma vida melhor

Tradução
ANDRÉ FONTENELLE

FONTANAR

Grafia atualizada segundo o Acordo Ortográfico da Língua Portuguesa de 1990, que entrou em vigor no Brasil em 2009.

TÍTULO ORIGINAL Unplug: A Simple Guide to Meditation for Busy Skeptics and Modern Soul Seekers

CAPA Jenny Carrow

FOTO DE CAPA Shutterstock

PREPARAÇÃO Lígia Azevedo

ÍNDICE REMISSIVO Probo Poletti

REVISÃO Ceci Meira e Arlete Sousa

Dados Internacionais de Catalogação na Publicação (CIP)
(Câmara Brasileira do Livro, SP, Brasil)

Schwartz, Suze Yalof
    Desligue : um guia simples de meditação para céticos, ocupados e todos que buscam uma vida melhor / Suze Yalof Schwartz, com Debra Goldstein ; tradução André Fontenelle. — 1ª ed. — São Paulo : Fontanar, 2017.

    Título original: Unplug: A Simple Guide to Meditation for Busy Skeptics and Modern Soul Seekers.
    ISBN 978-85-8439-076-2

    1. Autorrealização (Psicologia) 2. Meditação 3. Psicologia cognitiva I. Goldstein, Debra II. Título.

17-04294	CDD-158.12

Índice para catálogo sistemático:
1. Meditação : psicologia aplicada   158.12

[2017]
Todos os direitos desta edição reservados à
EDITORA SCHWARCZ S.A.
Rua Bandeira Paulista, 702, cj. 32
04532-002 — São Paulo — SP
Telefone: (11) 3707-3500
www.facebook.com.br/Fontanar.br

*A meu marido, Marc, meu verdadeiro amor,
que aguenta todas as minhas loucuras. Obrigada
por me dar livre acesso à sua mente brilhante,
por seu apoio constante e pelo amor
e cavalheirismo de sempre.*

*Aos meus garotos,
que tornam a vida mais leve,
mais divertida e mais complicada
e me lembram de parar para respirar!*

Sumário

Preparar, apontar, desligar!

No instante em que aprendi a me desligar, minha vida inteira mudou. Mal sabia eu que, quase cinco anos depois, embarcaria numa missão para convencer você a se juntar a mim. Mas, quando se descobre um truque tão bom, dá vontade de dividir com o maior número possível de pessoas! Ao aprender a desligar, deixei a montanha-russa enlouquecida do estresse e passei para uma existência serena e controlada (bom, na maior parte do tempo pelo menos). Consigo fazer mais coisas com desempenho melhor, porque tenho mais foco e clareza, e desfruto delas um milhão de vezes mais, porque estou presente. Escrevi este livro para ensinar como desligar e meditar, para que você também possa vivenciar e curtir a vida enquanto ela de fato acontece, em vez de desperdiçar coisas boas por causa de receios, ansiedades e sobrecarga. Não há motivo para viver estressado quando é tão simples se livrar do estresse.

Todos os dias alguém me pede ajuda para aprender a meditar. Há tantas referências que a gente fica confuso. Por isso, criei um guia definitivo, muito bem cuidado, mastigado, indo direto ao assunto, que eu gostaria que existisse quando comecei minha prática. Depois de ter feito centenas de horas de aulas, experimentado todas as formas de meditação e lançado o primeiro estúdio de meditação expressa, posso afirmar que domino essa arte. E a boa notícia é que não há muito a dominar — não é complicado! Escrevi este livro para todos vocês que querem aprender a meditar, mas acham complicado demais, esquisito demais, que não têm tempo ou que jamais conseguiriam ficar parados, ainda que por apenas alguns minutos por dia. Acredite em mim, sei o que é isso — pensei que seria a última pessoa no mundo a meditar! Como uma colega de escola me disse no encontro de trinta anos da nossa formatura: "Se Yalof consegue meditar, qualquer um consegue". Por isso, ainda que ache que não vou conseguir convencê-lo, estou disposta a aceitar o desafio de mostrar que a meditação *não precisa* ser desafiadora.

Antes de iniciar minha jornada, eu teria dado risada se alguém me dissesse que a chave para ser eficiente, produtivo, mais feliz e bem-sucedido não é fazer mais coisas, mais depressa, com mais esforço, e sim desacelerar e estar presente. Eu tinha uma típica personalidade de tipo A, ou seja, hiperativa: estava sempre ocupada, era impaciente e passava a vida correndo. Adorava o ritmo acelerado e as demandas de uma vida agitada, me atirando com entusiasmo em qualquer oportunidade que aparecesse pela frente. Fazer uma pausa para respirar e indagar a mim mesma se eu devia ou não agir daquele jeito nem passava pela minha cabeça, e "não" era uma palavra ausente do meu vocabulário. Quando alguma coisa não funcionava direito, eu dava um jeito de *fazer* funcionar. Ou, para ser mais precisa, eu fazia minha equipe dar um jeito de fazer funcionar, o que para eles representava uma fonte de estresse e, às vezes, lágrimas. Não admira que, quando o *New*

York Times publicou uma matéria sobre meu estúdio de meditação, o Unplug, uma ex-funcionária minha postou um comentário no meu Facebook dizendo: "Quem dera ela meditasse quando trabalhávamos juntas" (foi mal, Lexa!).

A ideia de ficar parada não só me parecia impossível e uma espécie de tortura, mas também uma perda de tempo absoluta. Como eu poderia cogitar desligar, nem que fosse por alguns minutos por dia, quando havia tanta coisa a fazer?

Hoje, sei que poderia ter chegado ao topo muito mais rápido e desfrutado mais do processo se tivesse aprendido antes a desacelerar e desligar. Não é irônico? Faça menos, realize mais. Relaxe para progredir. Só precisamos ficar quietos por alguns minutos diários para encontrar o santo graal da paz, da felicidade e do sucesso.

Essa não é apenas uma opinião minha — estou solidamente apoiada na ciência. Pesquisas provaram que a meditação é o ingrediente secreto para ter mais saúde, felicidade e ser mais eficiente. Do ponto de vista físico, ela reorganiza suas conexões cerebrais, deixando-o mais alerta, focado, produtivo e otimista. Reduz a ansiedade, o estresse, o pânico, a raiva, a depressão, a gula e a dor. Ativa a memória, permite tomar decisões melhores e mais rápidas, desenvolve a compaixão e ajuda na hora de lidar com os problemas que a vida coloca diante de você. A meditação organiza o caos na sua cabeça, que levaria ao caos na sua vida, e assim faz tudo fluir melhor.

Sei que isso soa como um monte de promessas grandiosas, mas vi dar certo com milhares de pessoas — muitas delas céticas no começo. Há uma razão pela qual 30 milhões de americanos meditam diariamente! Aumente essa estatística começando já. A meditação é uma prática que funciona de verdade com *qualquer pessoa* disposta a se comprometer com ela. Depois de cinco anos praticando-a todos os dias, ainda custo a crer que tirar um momento para não fazer nada tenha tanto impacto.

É por isso que quero que você descubra esse segredo transformador. Ele altera para melhor, e para sempre, sua existência. Não apenas torna você uma pessoa mais calma, mais saudável e mais produtiva, mas também ajuda a responder perguntas maiores e mais profundas, como "O que me torna feliz?" e "O que eu quero?". Em alguns casos, como o meu, desligar e estar mais presente conduz você à vida que realmente deveria estar vivendo.

Passei duas décadas escalando rumo ao topo do mundo da moda. Trabalhei nas revistas *Vogue*, *Elle*, *Marie Claire* e, por fim, *Glamour*, onde produzia ensaios fotográficos e cuidava da famosa seção "Certo e errado". Fiquei conhecida (pelo menos segundo o *New York Times*) como "a fada madrinha das transformações". Cruzei os Estados Unidos repaginando pessoas para os programas *The Oprah Winfrey Show*, *Today*, *Good Morning America* e muitos outros. Também fiz entrevistas no tapete vermelho em cerimônias de premiação e cobri desfiles de moda em Nova York, Paris, Milão e Londres, tanto atrás quanto na frente das câmeras. Eu não sossegava e adorava isso!

Houve alguns momentos um tanto malucos, mas nunca pensei em "gerenciamento de estresse", porque, para ser sincera, estava empolgada demais com o que fazia para sequer pensar se estava estressada. Eu era apaixonada pela minha vida, com tudo o que a envolvia. Qual era o problema se para mim "descompressão" significava jogar conversa fora na redação como desculpa para enfiar a mão no pacote de biscoitos da coleguinha?

Eu passava como um furacão pela minha lista de tarefas diárias, de maneira dispersa e desorganizada. Embora sempre tenha me gabado de ser uma pessoa feliz e otimista, também tinha tendência a estressar as pessoas à minha volta, perder o foco com facilidade, cismar com detalhes irrelevantes, descarregar nos meus filhos e no meu marido de vez em quando e ficar superestressada no dia do fechamento da revista. Não tinha graça nenhuma! Eu compensava acelerando ainda mais e deixando para pedir desculpas tempos depois.

Tinha um emprego glamoroso, um marido fantástico e três filhos incríveis. Mas não tinha a capacidade de dar valor ao presente. Na minha pressa de partir para a próxima tarefa, passava voando pelas coisas, sem tempo de me deter naquilo que estava fazendo. Vivenciava momentos fundamentais no trabalho e em família, mas deixava a maior parte deles passar em branco, porque, assim que começavam, eu já estava pensando nos próximos. A vida corria num ritmo tão acelerado que eu não percebia quantas coisas estava deixando passar, ou toda a riqueza em que não prestava atenção. É difícil notar como o tempo voa quando se está preocupado em cumprir o próximo item da lista de tarefas.

Vamos dar um salto no tempo para o verão de 2010, quando o emprego dos sonhos de Marc, meu marido, caiu no colo dele. Eu e minha família então mudamos para Los Angeles em busca da nossa próxima aventura.

Acho que não previ direito o choque cultural que sentiria ao me mudar de Manhattan, que parecia estar no meio de tudo, para a Califórnia, onde o ritmo de vida e o ambiente são muito diferentes. Mas o maior impacto veio de deixar um emprego que eu amava e passar o dia pensando no que estava fazendo da vida naquele lugar novo. Tinha trabalhado a vida inteira e, francamente, não sabia o que fazer sem um emprego. Meus filhos passavam o dia inteiro na escola, e eu me via ocupando o dia batendo perna para olhar vitrines, fazendo aula de pulseirinhas artesanais, visitando quitandas, saindo para almoçar e tomar café. Aquilo me deixava entediada e inquieta — e não só: eu ainda começara a ganhar peso! Não faltavam convites para voltar ao mundo da moda, mas nada me agradava de verdade, até que a Lord & Taylor me contratou para dirigir os comerciais da Taxi TV. Era uma oportunidade incrível, com um monte de passagens de ida e volta para Nova York. Por isso, topei. Voltar à ativa me empolgou. Só que, daquela vez, senti algo diferente.

Enquanto vivia na ponte aérea de costa a costa, organizava minha vida nova numa nova cidade, cuidava à distância de três garotos divertidos e cheios de energia e tentava passar mais tempo com meu marido, vivenciei um estresse avassalador. Pela primeira vez, percebi que eu não conseguia dar conta de tudo. Não era exatamente uma crise — era só o estresse cotidiano normal, mas num nível mais alto. Como você deve saber, isso basta para levar alguém ao limite.

Por sorte, expressei esse sentimento à pessoa certa na hora certa. Minha sogra, que é psicoterapeuta, disse: "Vou ensinar um pequeno truque". Ela pediu que eu fechasse os olhos e me ensinou a me acalmar instantaneamente, usando respiração e visualização. Em apenas três minutos, passei de uma sensação de total estresse a outra de total tranquilidade. Foi incrível!

Assim que abri os olhos, três coisas passaram pela minha cabeça:

1. Não consigo acreditar que é tão simples.

2. Como eu não sabia disso?

3. Quero mais! Quem pode me ensinar? Como? Onde?

Minha sogra sugeriu que eu aprendesse a meditar. Então comecei a pesquisar o lugar ideal. Comecei dando um Google em "lugares para meditar em Los Angeles" e descobri que não existia nenhum espaço onde eu pudesse simplesmente entrar, aprender e sair. Achei um curso de meditação transcendental de 1400 dólares, um treinamento intensivo de quatro dias no apartamento de um instrutor védico e um programa de seis semanas no Centro de Pesquisa de Percepção e Atenção da Universidade da Califórnia em Los Angeles (UCLA). Mas fiquei surpresa ao ver que não havia maneira rápida ou fácil de aprender a meditar.

A revelação veio quando eu pensei: "Por que não pode existir uma espécie de salão de beleza da meditação?". Você entra num desses lugares apenas para fazer uma escova no cabelo, se sentindo péssima, e sai se sentindo o máximo em trinta minutos ou até menos. A pessoa entra, o serviço é feito e então vai embora (eu sei, Nova York ainda não saiu de mim). Por que não haveria um jeito semelhante de encaixar a meditação na nossa vida? Por que não existia um método popular ou um local onde pessoas como eu pudessem aprender meditação sem assumir compromissos de longo prazo ou gastar pequenas fortunas? Fui ao Google uma vez mais. Não existia mesmo um lugar assim. Nem em Los Angeles nem em outra cidade dos Estados Unidos. Nem mesmo na Europa ou na Ásia. Foi então que caiu a ficha: a meditação precisava de uma transformação, e eu era a pessoa certa para aquilo.

Marc, sensato como sempre, disse que talvez antes eu devesse aprender a meditar. Certo, eu tinha que resolver essa questão primeiro. Por isso, me dediquei 400% a isso. Me inscrevi em um programa de seis semanas ministrado por um instrutor australiano muito lindo (juro, não existe instrutor védico que não seja atraente) na UCLA. Onde quer que eu pudesse fazer aulas, fiz, de estúdios de ioga a templos budistas, além de participar de um grupo que se encontrava na praia de Santa Monica. Fiz todas as meditações de 21 dias de Deepak Chopra; baixei o aplicativo Headspace; ouvi todos os podcasts de Sharon Salzberg, Pema Chödrön e Tara Brach; li tudo o que pude encontrar de Thich Nhat Hanh, Robert Thurman, Dan Siegel, Jon Kabat-Zinn, Joseph Goldstein, Eckhart Tolle, Maharishi Mahesh Yogi, Davidji, Steve Ross e Olivia Rosewood. Enquanto aprendia a me desligar do caos da minha vida cotidiana, me tornei acidentalmente uma especialista em meditação.

Nesse período, me apaixonei por vários estilos, técnicas e professores diferentes. Ao mesmo tempo, meu passado como especialista em transformações me fazia querer editar o conteúdo dos cursos, o ritmo ultralento, a indumentária, o ambiente, o tom de voz "meditacionista" dos instrutores, a cantoria, a queima de incenso, as histórias longas cheias de metáforas, as perguntas e respostas ao fim da aula que me prendiam por mais 45 minutos e mais pareciam uma sessão de terapia de grupo — ou seja, a experiência, como um todo. A meditação é tão simples que eu não conseguia entender por que na maior parte do tempo era apresentada como algo tão complexo e sério — ou, pior ainda, chato e desnecessariamente longo. Eu me lembro de um professor que fazia pausas de cinco segundos entre (pausa) cada (pausa) palavra (pausa) em sua fala inicial. Aquilo me dava nos nervos!

Estava à procura de uma experiência que alguém como eu conseguisse aproveitar — pulando todos os excessos e aperfeiçoando o que havia de melhor no ensino da meditação, como se fosse um quadro muitíssimo bem produzido num programa de televisão. Um quadro desse tipo costuma ter apenas cinco minutos para explicar como e por que fazer as coisas, dando dicas bem certeiras para que você coloque aquilo em prática. Era como eu achava que a meditação deveria ser.

Então criei o Unplug, primeiro estúdio leigo de meditação expressa, para compartilhá-la em sua forma mais simples e pura. Eu queria transformar uma prática esotérica em algo acessível e criar um lugar prático para que pessoas ocupadas e modernas pudessem se desligar nem que fosse por alguns minutos diários, recarregar as baterias e vivenciar os inegáveis efeitos da meditação.

Essa prática transformou minha vida de muitas formas. Passei a ter uma capacidade muito maior de perceber quando estou estressada e de lidar com isso na hora certa, em vez de me deixar consumir pelo estresse. Sempre fui uma pessoa feliz, mas hoje sou feliz *e* grata por conseguir parar para apreciar tudo o que está à minha volta. Me tornei muito mais eficiente e produtiva. Antes, fazia coisas demais; agora, faço tudo de maneira focada, por isso realizo mais coisas em menos tempo. Produzo dez vezes mais, e conscientemente, o que é bem melhor. Antes, eu evitava aquilo que me causava desconforto, mas hoje consigo lidar com qualquer coisa. Quando algo não está dando certo, deixo passar, em vez de ficar remoendo. Em praticamente todas as situações, evito reagir por impulso e reajo com mais plenitude, o que faz de mim uma mãe, uma esposa e uma chefe melhor.

Acima de tudo, deixei de desperdiçar bons momentos. Esse é o maior benefício. O que quer que eu esteja fazendo, com quem quer que esteja, estou presente por inteiro — e não com a cabeça em outro lugar, pensando naquilo que aconteceu ontem ou no que preciso fazer mais tarde. Quando minha mente viaja, eu me dou conta disso e volto depressa. Olho nos olhos das pessoas e as vejo. O gosto da comida melhorou e as cores ficaram mais vivas. É como se eu tivesse passado a viver em HD.

Mas chega de falar de mim. Este livro é sobre você, sobre como pode melhorar sua vida: basta desligar em alguns minutos de meditação por dia. Suponho que tenha pegado este livro porque já ouviu falar muito a respeito do poder dessa prática e quer aprender sobre ela — só que sem toda a parte de misticismo que costuma vir no pacote. E é exatamente isso que vou lhe proporcionar. Você vai aprender a meditar em menos de cinco minutos, sentindo o resultado de imediato.

Minha missão é provar que qualquer pessoa — inclusive você — é capaz de meditar. Mesmo que esteja achando — ou melhor, *principalmente* se estiver achando — que não consegue relaxar, que não tem tempo, que não consegue parar quieto, que não combina com você. Vi com meus próprios olhos um executivo poderoso do mercado financeiro cujos ataques diários de pânico acabaram depois que começou a meditar, ou um personal trainer que deixou de se irritar com o trânsito. Conheci uma mulher que tentou três vezes, sem êxito, fazer inseminação artificial, mas conseguiu na quarta tentativa, depois que a meditação se tornou uma constante em sua vida. Conversei com pessoas que tinham insônia e que hoje dormem uma noite inteira de sono tranquilo, ou com pessoas indicadas pela UCLA que sofriam de dores crônicas e que juram que meditar é melhor que tomar remédios. Testemunhei a transformação de pessoas extremamente estressadas e ansiosas em serenas; de suscetíveis e tensas em sorridentes e radiantes. São histórias assim que ouço e vejo todos os dias — acompanhadas, em geral, de muitas lágrimas de alívio e abraços bem apertados.

A parte inicial deste livro se chama "Sente-se, por favor". Nela, há uma explicação básica daquilo que você tem a ganhar aprendendo a se desligar. Vou contar o que é e o que não é meditação, desmentindo um monte de percepções equivocadas espalhadas por aí — a começar pela ideia de que, para a meditação funcionar, você precisa bloquear o cérebro ou ficar absolutamente imóvel por longos períodos. Isso é uma completa inverdade. Também vou deixá-lo a par de todos os incríveis benefícios que terá, assim como de todas as evidências científicas que explicam como e por que a meditação funciona.

Em seguida, em "Desligue e recarregue", vou apresentar a fórmula simples da meditação direta, além de outras ferramentas e técnicas, de modo que você possa incorporar facilmente a prática ao seu cotidiano. Você também vai encontrar um monte de dicas de professores de meditação sensatos, criativos, divertidos e inspiradores, bem como de pessoas que conheci ao longo do caminho. Vou ainda apresentar um guia sobre outros métodos de meditação, assim como alguns tipos de meditação rápida que você pode adotar sempre que precisar, ao longo do dia. Eles vão servir como uma espécie de recanto secreto de serenidade e êxtase instantâneos! Vou ensinar também a meditação expressa, para as horas em que você se sente numa panela de pressão e precisa desligar e tranquilizar a mente... depressa! Mostrarei ainda a meditação Starbucks, uma maneira supersimples de começar o dia de forma presente e alerta, e, é claro, uma de minhas favoritas: a meditação do amor profundo, para quando alguém está simplesmente levando você à loucura.

Em "Continue avançando", vou falar a respeito de outras práticas relacionadas à meditação que talvez você queira explorar, como o banho sonoro (a experiência *mais legal* do mundo), a cura com cristais (bem mais pé no chão do que você imagina) e a meditação infantil (que mudou minha vida de mãe). Tudo isso será apresentado de forma concisa e totalmente acessível, claro.

Alguns meses atrás, dei uma entrevista para um programa de TV. Eu estava conversando com a repórter sobre o método de condensar e simplificar a prática da meditação atenta, e ela me perguntou, com uma ponta de desdém na voz: "Mas isso não seria uma meditação fast-food?".

Sabe o que respondi? "Espero que sim, porque quero que todo mundo possa experimentar!"

Bon appétit, meus amigos. E vamos começar a desligar.

SENTE-SE, POR FAVOR

Entre. Pegue uma almofada. Esta é minha breve introdução ao desligamento. Vou explicar exatamente o que a meditação é e não é, como funciona, o que você pode esperar dela, e como e por que ela vai alterar sua vida de forma radical.

Sem complicação ou frescura. Simples e fácil — como meditação deve ser.

Você, desligado

Era um dia como qualquer outro na minha vida como editora da *Glamour*. De manhãzinha, eu tinha pegado um voo em Nova York para repaginar o visual de um grupo de aficionadas por automobilismo em um autódromo. Tínhamos poucas horas para fazer tudo, pois nossa agenda era apertada. Além disso, o programa *Good Morning America* ia filmar nosso trabalho. Mas não havia motivo para me preocupar — quanto mais apertada a agenda e maior a responsabilidade, mais pilhada eu ficava.

Estava dando conta de tudo com tranquilidade, até que abri a mala de roupas que minha assistente tinha preparado. Na hora em que vi o conteúdo, me dei conta de que estávamos numa fria. Ela tinha separado as roupas erradas. E não apenas algumas peças — minha chefe tinha rejeitado aquela coleção inteira, dizendo, de maneira muito clara e enfática: "NÃO USAR ESSAS COISAS". Aquilo não era nada bom. O ensaio fotográfico ia custar pelo menos 50 mil dólares à revista, entre passagens, hospedagem e aluguel de vans. O horário em que íamos entrar ao vivo já estava definido. Nem preciso dizer que, se não rolasse, ia pegar muito mal para mim.

"Certo", pensei, tentando manter a calma. "Vamos arrumar outras roupas em alguma loja aqui perto." Eu ainda achava que conseguiria resolver tudo até a hora em que descobri que a loja mais próxima era uma Sears a mais de trinta quilômetros. Então bateu o pânico. Senti o sangue gelar, e meu coração começou a bater descontroladamente. Surtei.

Primeiro, comecei a gritar. Não sinto orgulho em reconhecer, mas a principal vítima dos meus gritos foi minha assistente. Em seguida, corri para o banheiro e comecei a chorar. Sei que pode parecer um tanto fútil, porque estamos falando de um ensaio de moda, mas tive a impressão de que toda a minha carreira estava em jogo. Fiquei enjoada.

Por fim, depois de meia hora de muito estresse, pânico e desespero, coloquei a cabeça no lugar e em pouco tempo transformei a sessão de fotos num ensaio que só mostraria as modelos do pescoço para cima. Deu tudo certo em termos de trabalho, mas os danos emocionais que eu provocara a mim mesma e à minha assistente eram irreparáveis. Guardei o material no fim do dia me sentindo esgotada, com remorso e absolutamente envergonhada.

Vamos dar um salto no tempo até o mês passado, numa tarde ensolarada de quinta-feira em Los Angeles. Eu tinha acabado de comandar uma sessão de meditação em grupo e estava de ótimo humor. Outro instrutor estava para iniciar a aula do meio-dia. Fui à minha sala, nos fundos do estúdio, para cuidar da burocracia. Poucos minutos depois de iniciada a aula, ouvi um barulho alto vindo da rua. O estúdio fica em uma das avenidas mais movimentadas da cidade, a Wilshire Boulevard, mas aquilo não podia ser normal. Eu e minha gerente, Deborah, saímos para ver o que estava acontecendo.

Bem em frente ao prédio, vimos dois policiais abaixados em pose teatral, igualzinho aos programas de TV, apontando suas armas na direção do banco que ficava vizinho ao estúdio. Eles gritaram para que voltássemos para dentro imediatamente, trancássemos as portas e nos afastássemos das janelas. A mesma sensação de pânico total e absoluto tomou conta de mim. Fiquei apavorada. A julgar pelo olhar no rosto pálido e assustado de Deborah, tive certeza de que ela sentia a mesma coisa.

Voltamos correndo para dentro e trancamos a porta depressa. Deve ter levado uns três segundos para eu me lembrar de tudo o que havia treinado e dizer: "Precisamos respirar". Respiramos fundo, lentamente, três vezes, passando de imediato de um estado de descontrole para a tranquilidade. Em seguida, caminhei de volta para o estúdio, onde havia dezenove alunos totalmente alheios ao que estava ocorrendo do lado de fora. Interrompi a aula, expliquei a situação e levei todo mundo para a sala dos fundos, que não tinha janelas. Foi assustador imaginar que balas poderiam entrar pelas paredes ou janelas, mas mantive a calma e, por causa disso, todos a mantiveram também.

Naquele dia — quando me vi diante de uma crise genuína e potencialmente perigosa —, não perdi o controle. Não entrei em pânico nem provoquei pânico nas pessoas à minha volta. Não piorei uma situação que já era ruim iniciando uma escalada de estresse. Pelo contrário: mantive o foco e a calma e saí daquela crise me sentindo produtiva e em paz, com orgulho de mim mesma.

Depois de mais ou menos uma hora, a polícia bateu à porta e nos disse que estava tudo "código 4", ou seja, bem.

Embora os assaltantes tivessem conseguido fugir do banco com o dinheiro, ninguém havia se ferido, então pudemos retomar as atividades normais.

Contei a você essa história porque é exatamente o que acontece quando a gente aprende a se desligar. Isso pode transformar sua vida inteira em um código 4, independente do que aconteça. Não importa se é uma confusão no trabalho ou uma arma apontada para sua cara: seu cérebro reage do mesmo jeito quando percebe uma ameaça, e o mecanismo biológico de lutar ou fugir toma conta. O coração disparado, os músculos tensos, a circulação acelerada, a atenção plena, entre outras coisas, são a maneira pela qual o corpo prepara você para um ataque de verdade — tanto faz se ocorre sob a forma de um chefe irritado ou de uma bala perdida. Desligar permite que você reaja com calma e racionalmente, mantendo a tranquilidade seja qual for a ameaça.

Pense em quantos minutos, horas ou dias você perdeu por causa de um contratempo no trabalho ou na vida pessoal. Por mais insignificante que o ocorrido possa parecer aos outros, para você é um *problemão*. Mexe com suas emoções, tira seu foco, provoca um pouco de tudo, de dor de cabeça a queimação no estômago ou coisa pior, e muitas vezes desperta vergonha ou sentimento de culpa pela forma como você reagiu.

Aprendendo a se desligar, você readquire o controle. Passa a ter a seguinte opção: passar por trinta minutos de estresse fortíssimo e — tomando emprestada uma expressão de David-ji, um instrutor de meditação mundialmente famoso — deixar toda a terra à sua volta arrasada (sem contar as consequências disso, claro) ou passar da loucura à calma em três segundos, poupando você e o resto da humanidade. Tendo passado pelas duas, posso garantir que nunca mais voltarei à primeira.

Desligar não é sinônimo de fugir ou pular fora. Não tem nada a ver com "dar uma respirada" ou dar um tempinho. Sair para uma caminhada, ler um livro ou receber uma massagem são coisas relaxantes, mas não é desse tipo de desligamento que estou falando.

Desligar significa se desapegar de forma consciente do que quer que esteja deixando você nervoso (o perigo aparente) e reiniciar de um ponto de vista neutro, empoderado. Desligar-se da loucura por alguns minutos e recarregar, de maneira focada, para chegar aonde se quer. Isso lhe dá a capacidade de mudar, conscientemente, de um estado de pânico para a calma, deixar de lado o que obceca e preocupa você e tomar decisões rápidas, em sintonia com aquilo que realmente importa. Você terá o poder de resistir à tentação de enfiar o pé na jaca e manterá a calma quando seu filho, seu cônjuge ou seu chefe o estiverem levando à loucura.

Será que a meditação consegue fazer tudo isso? Consegue. Tudo o que você precisa fazer é praticá-la durante alguns minutos, todos os dias. É como ir à academia: se persistir, verá os resultados. Caso continue cético, ótimo — você tem o *direito* de questionar se vale a pena! Nos próximos capítulos, vou contar exatamente aquilo que o aguarda e provar o quanto sua vida vai ser melhor e mais simples assim que você assumir o controle de seus sentimentos, suas reações e sua mente.

Do que você quer se livrar? O que quer ganhar? Tudo isso vai acontecer quando aprender a desligar e meditar.

O que é meditação?

A meditação é uma prática que ensina a desligar das coisas que tomam nosso tempo e a vivenciar o momento presente.

Espere aí, é só isso?

Só. Mas não saia daí, porque agora vou dizer por que isso é tão importante.

Segundo a National Science Foundation dos Estados Unidos, uma pessoa comum tem, em média, 50 mil pensamentos por dia. São ideias que não param de surgir, tirando nossa atenção do momento presente. O problema é que esse momento presente é muitíssimo importante, porque é nele que nossa vida está ocorrendo de fato. Nem cinco minutos atrás nem daqui a cinco minutos — é aqui e agora. É a realidade. Podemos ficar ruminando sobre aquilo que aconteceu ontem ou preocupados com aquilo que precisamos fazer amanhã, mas o fato é que nenhuma das duas situações está acontecendo *neste instante*.

Você sabe muito bem como esses turbilhões mentais acontecem: *Preciso comprar o jantar... O que é que eu vou comer?*

Hummm, adorei aquele indiano a que fui com a Amy... Queria conhecer a Índia um dia... Será que o Joe gostou de lá? Preciso ligar para ele... Os especialistas em meditação chamam esse saltitar de pensamentos de "mente de macaco". Eu chamo de "cérebro Google".

Certos pensamentos podem despertar sensações fortes, arrasadoras, capazes de sugar nossa energia. Isso costuma acontecer quando deparamos com algo inesperado. Alguma coisa ocorre de um jeito diferente do que desejávamos e automaticamente nossas reações habituais (em geral não tão tranquilas) tomam conta. Funciona mais ou menos assim:

Seu chefe critica você: *Que imbecil... Odeio esse emprego... Estou de saco cheio dessa profissão...*

Você perde a carteira: *Como eu sou imbecil... Nunca faço nada direito... Estou de saco cheio de mim mesmo...*

Você fica preso num engarrafamento: *Que gente imbecil... Por que eu vim morar aqui? Estou de saco cheio desta cidade...*

Somos humanos, então essas reações automáticas são absolutamente normais. O problema é que estamos perdendo não apenas a calma, mas nosso poder de escolha quanto a como reagir. Os pensamentos e as emoções tomam conta de nós e nossa sensação é de que não podemos evitá-los.

Mas vou lhe dar uma boa notícia: não é porque o trem da loucura chegou à estação que você precisa embarcar nele! Existe uma forma de controlar suas reações e emoções em vez de deixar que controlem você. É claro que não temos como impedir que esses 50 mil pensamentos fluam, sejam eles habituais ou não. Mas, por meio da meditação, treinamos o cérebro para *dispensar aqueles que não são bons para nós*. A meditação ensina a direcionar conscientemente a atenção para aquilo que se deseja, em especial quando alguma coisa está tomando conta da sua mente ou despertando uma reação indesejada. É o que chamo de "desligar". No início, você faz esse exercício durante a meditação, e logo isso se torna natural em outros momentos da vida. Você cultiva a capacidade de direcionar seu foco; assim, *você* decide como quer reagir, em qualquer circunstância, em vez de se sentir como uma marionete ou alguém à mercê dos próprios reflexos.

Davidji, instrutor de meditação, usa uma analogia que eu adoro para se referir a isso. Ele compara nosso cérebro a um celular em que chegam o tempo todo mensagens, e-mails e outras notificações. Quando treinamos nosso cérebro através da meditação, esses pensamentos continuam a fluir, *mas não nos perturbam*. Podemos identificar os pensamentos que são spam e arrastá-los para a lixeira, ou, melhor ainda, silenciá-los. A meditação ensina você a decidir, de maneira proativa, para onde direcionar suas energias, em vez de ser reativo a cada toque ou sinal que chega.

Mas essa é apenas a primeira metade do processo. Uma vez que sua mente estiver calma e focada, você poderá desfrutar de um momento presente incrivelmente tranquilo e pleno. E é aí que mora o êxtase! O momento presente é a passagem para tudo aquilo que se busca: felicidade, amor, estabilidade, confiança, bom senso, foco e tranquilidade. Depois que vivenciar isso, você vai querer cada vez mais. É melhor que tirar férias. Melhor que terapia. Melhor que fazer compras, praticar esportes ou comer chocolate. Ah, e ainda é de graça!

Chegamos então ao que eu chamo de "fórmula simples da meditação direta". Existem muitas maneiras diferentes de meditar, sobre as quais você vai ler mais adiante; esta é a mais simples e mais básica, ideal para os iniciantes e os minimalistas dos dias de hoje. Na p. 108, vou detalhar tudo o que é preciso para fazer isso sozinho. Por ora, porém, vamos dar uma olhada em como funciona:

Comece focando em um único ponto, que pode ser sua respiração, um objeto ou uma palavra (um mantra, assunto sobre o qual falaremos mais adiante). Isso tira você de seus pensamentos, fazendo com que reduza a velocidade até parar. Apenas respire e se concentre. Não há nada de extraordinário ou de complicado nisso.

Em algum momento, você vai relaxar o foco. Isso pode ocorrer inconscientemente, como costuma acontecer no início, ou conscientemente, à medida que adquire maior domínio sobre o processo; seja como for, é assim que seu cérebro funciona. Na fração de segundo em que o foco relaxa, uma brecha se abre. Nesse intervalo, por mais breve que seja, você fica à deriva no precioso vazio que é a atenção pura. É essa, exatamente essa, a experiência de vivenciar plenamente o momento presente. Sem reviver o passado nem projetar o futuro — só o aqui e agora.

Esse intervalo é a melhor parte. É uma espécie de *ahhhh*... O maior dos presentes, o momento perfeito de atenção, paz e relaxamento total. Todo o estresse e o ruído desaparecem e você pode apreciar com plenitude a beleza, o silêncio, tudo. Na minha cabeça, é como aquele momento durante as férias em que me sinto totalmente descansada. Estou deitada em frente ao mar, fechei o livro, não estou dormindo nem pensando em nada, a não ser em como aquela sensação é boa. É assim que nos sentimos nesse intervalo. Ele pode durar apenas um milésimo de segundo no começo, mas com o passar do tempo fica cada vez mais longo e melhor.

O restante da prática meio que se torna um ciclo. Assim que percebe que seus pensamentos voltaram a se insinuar, você reconhece o que está acontecendo, recoloca o foco naquele ponto único inicial e recomeça. É só isso, mais nada:

Foque.

Deixe-se levar.

Fique à deriva.

Perceba seus pensamentos voltando à tona.

Foque.

Repita o processo.

Pensando bem, essa fórmula de voltar para o centro pode ser usada para qualquer coisa. Ao falar em "centro", refiro-me ao aqui e agora no corpo, na mente e na alma. Quando não está remoendo o passado ou preocupado com o futuro, seus pensamentos ficam claros e suas reações, serenas, porque você está com os dois pés firmes no momento presente. Digamos que tenha cometido um erro, clicando em "responder a todos" sem perceber em um e-mail e magoando alguém. É uma sensação horrível, não é? Uma vez que a prática da meditação estiver gravada em seu cérebro, porém, em vez de desperdiçar horas ou dias se autoflagelando por causa do passado (mesmo que esse passado seja dois minutos atrás) ou apreensivo sobre o impacto que isso terá no futuro, você poderá reconhecer esse erro, perdoar a si mesmo e retornar ao momento presente. Caso precise consertar o erro, é isso que vai fazer. Em vez de piorar as coisas reagindo negativamente quando uma sobrecarga de reações está no comando, você terá o controle da situação. É assim que a meditação transforma sua vida.

Vivenciar o momento presente através da meditação treina seu cérebro a se manter alerta para ele durante o resto do dia. É esse, na verdade, o objetivo. É tão comum pensarmos em qualquer coisa *menos* naquilo que está de fato ocorrendo na nossa frente, deixando de viver o agora. Quando está em férias, você pensa no trabalho. Quando está no trabalho, pensa nos filhos. Quando está com os filhos, sonha acordado com as próximas férias. Ficamos tão ocupados tentando chegar ao momento seguinte que acabamos desperdiçando o atual.

Estar alerta significa que, quando você está com os filhos, os amigos ou o companheiro, está realmente com eles. Quando está trabalhando, sua cabeça está no serviço. Quando o dia termina, você vai para casa com a satisfação de quem sabe que trabalhou bem. Quando está comendo, de fato degusta a comida. Pode soar meio piegas, mas tudo vai parecer mais vivo a partir do momento em que vivenciar o presente de forma plena.

A meditação ajuda a abraçar o presente, de modo que ele — e sua vida — não passe batido por você. No fim das contas, não é isso que realmente importa?

Meditação: descomplicada, desmistificada e totalmente possível

Suponho que você já tenha ouvido falar a respeito de todos os benefícios da meditação. Hoje, parece que todo mundo, de Deepak Chopra a pesquisadores de Harvard, passando pela revista *Time*, está maravilhado com o modo como ela pode melhorar radicalmente sua vida, em todos os níveis.

Portanto, ciente disso, você já começou a meditar? Não estou fazendo juízo de valor aqui, mas meu palpite é que não, pelas mesmas razões que me impediram de começar anos atrás. Eu achava que ia tomar muito tempo do meu dia, que eu precisava "bloquear" o cérebro, que não tinha condições de praticar sozinha... Ou, pior ainda, que precisava ficar absolutamente parada, o que *com certeza* não conseguiria fazer. Só que nada disso é verdade. Como a meditação sempre teve esse clima de mistério e misticismo em seu entorno, pressupus que seria complicado e difícil aprender. Uma vez mais, não é verdade!

Para ser sincera, eu também achava a meditação algo bastante esquisito. Sempre achei que era coisa de hippies, monges ou gurus que habitavam livrarias esotéricas ou cavernas no Himalaia. Nunca imaginei que presidentes de grandes empresas usassem a meditação como ferramenta para triunfar nos negócios, que âncoras de telejornais ou atores a empregassem para ficar calmos e centrados antes de entrar no ar, ou que donas de casa a praticassem para lidar melhor com os filhos ou com o trânsito. Para mim, essas coisas definitivamente não tinham relação.

Existem muitos falsos conceitos a respeito da meditação, e eu gostaria de esclarecer alguns pontos para que você veja como, na verdade, ela é simples, fácil e nem um pouco esquisita. Os céticos e ocupados que quiserem ir direto ao assunto podem pular para o guia da p. 91. Ou, se continuarem lendo, vão descobrir dez surpreendentes fatos básicos a respeito da meditação.

1. É FÁCIL DE APRENDER

Acho que acabei de provar isso a você. Vamos em frente.

2. QUALQUER UM PODE FAZER

Sim, até você. Mesmo que nunca tenha se imaginado fazendo algo parecido; mesmo que já tenha tentado alguma vez antes e achado chato; mesmo que ache que não consegue bloquear o cérebro (veja na p. 46 uma ótima notícia: você não precisa); mesmo que esteja 100% convencido de que nunca, jamais, conseguirá parar quieto.

Como eu disse, entendo perfeitamente essa última parte. Às vezes eu mesma ainda tenho dificuldade com isso.

Quanto mais praticar, porém, mais fácil vai ficar. Prometo. No começo, caso tenha que se mexer, se ajeitar, espirrar ou se coçar enquanto estiver meditando, não se acanhe. Não existe lei da meditação que exija que você fique congelado feito uma estátua.

Se seu receio é de que vai ser chato, vou abrir o jogo: quando se começa a meditar, às vezes a sensação é de certo tédio, em especial se você estiver sozinho em casa. Afinal de contas, sejamos francos: você só está ali parado. Mas muito rapidamente se começa a vivenciar períodos cada vez mais longos daquele intervalo de êxtase. Você adquire consciência da forma como sua mente funciona, e os pensamentos começam a se tornar mais interessantes. De repente, você simplesmente *pega* a coisa: é possível controlar o próprio cérebro! Em seguida, os resultados mais importantes começam a aparecer em sua vida (ver "Coisas estranhas e maravilhosas que podem acontecer", p. 57), e a parte chata acaba ficando para trás. Só é preciso passar por esse obstáculo inicial para em seguida passar a querer meditar. Como diz Steve Ross, um dos mais queridos mestres de ioga e professor de meditação no Unplug: "No começo, você tem que ter certa fé no processo. Não muita. Mas um pouco".

Se acha que meditar "não é a sua cara", você não é o único. Ouvi muitas pessoas dizerem isso. Mas afirmar que meditar não é a sua cara é o mesmo que dizer que respirar não é a sua cara. Se você consegue respirar, consegue meditar.

Eu era aquele tipo de pessoa que sempre dizia que não era capaz de meditar. Que minha cabeça era ocupada demais. Que era inquieta demais. Que não conseguia rela-

xar, blá-blá-blá. Daquelas bem teimosas. Não era para mim. Mas meu nível de estresse estava nas alturas, e eu me toquei de que tinha que fazer alguma coisa diferente, senão nada ia mudar na minha vida. Um dia, tive a sensação de que ia desmoronar. Foi aí que ouvi os conselhos do meu namorado, que medita quase diariamente, e fui fazer uma aula no Unplug. Funcionou, e foi instantâneo! A meditação me ajudou a encontrar a autoconfiança serena que me faltava. Fiquei bastante surpresa ao perceber que passei a ficar ansiosa pelos momentos de meditação, e espero continuar praticando durante muito tempo.

BETH, 29 ANOS, DIRETORA DE
DESENVOLVIMENTO DE NEGÓCIOS

3. NÃO ACONTECE NADA (NA MAIORIA DAS VEZES)

Megan Monahan, professora de meditação, começa suas aulas de um jeito que sempre me faz rir. Ela diz: "Lamento decepcionar vocês, mas nada vai acontecer nesta sala". Em geral é verdade. Muitas vezes ficamos apenas focados em nossa respiração e nos conectamos com a força de estar plenamente presentes. Na meditação, não há uma linha de chegada grandiosa, não há fogos de artifício, não há santo graal, não há troféu. Não se medita para conquistar alguma coisa: conseguir ficar quieto e respirar pelo menos uma vez por dia já é a conquista.

Estou deixando isso claro para que você não fique aí sentado à espera de algum momento grandioso. Assim, quando não acontecer nada você não vai pensar "Estou fazendo errado" ou "Não está dando certo". Na prática da meditação não há nada de muito dramático.

Em algumas situações, você vai vivenciar "momentos meditativos bacanas", como gostamos de dizer aqui na Califórnia. Pode ser todo tipo de coisa, desde enxergar flashes coloridos, como círculos roxos, sentir que está flutuando ou ter grandes epifanias, quando ideias geniais e criativas para a vida surgem do nada (mas não pare a meditação para anotá-las. Se forem boas de verdade, você vai se lembrar delas depois).

Davidji compara a meditação a um floco de neve, porque não existem duas iguais. A partir do momento em que você compreende que cada sessão será diferente, desiste de tentar repeti-las. Não se pode ter momentos bacanas sob encomenda. Momentos assim *às vezes* ocorrem quando você está plenamente presente, mas não há nenhuma garantia!

Mesmo que você não vivencie isso e só fique sentado lutando contra seu cérebro e alternando o tempo todo a atenção entre a consciência e a respiração, já estará fazendo algo produtivo e acabará atingindo a brecha de atenção pura. O que importa não é o que acontece enquanto se está meditando; é o que acontece depois.

Pode ser que você não sinta nada enquanto estiver sentado na almofada, mas terá uma sensação maior de paz, consciência e calma pelo resto do dia. Saindo da sala, você talvez se veja menos tomado por pensamentos e mais consciente da forma como sua mente funciona. É mais ou menos assim: "Ah, eu sei que quando alguma coisa não dá certo eu ajo assim ou assado... Não vou mais fazer isso, vou focar na minha respiração...". Você consegue ter consciência da forma como pensa e se afasta dos pensamentos e das reações que não o ajudam, exatamente como na meditação.

Pode ser que demore algum tempo de prática até que você passe a se dar conta de que o motivo é a meditação.

Angela, que tem 42 anos, trabalha como coordenadora de eventos de uma grande empresa. Três vezes por ano, ela organiza um seminário para mais de 2 mil funcionários — e três vezes por ano fica *em polvorosa* na semana que o antecede. Seus parentes e amigos estão tão acostumados com a rotina dela que deram a essa semana o nome de "semana do inferno". Angela começou a meditar com regularidade, e foi só na véspera de um desses seminários que ela se deu conta do efeito que a prática estava tendo sobre ela. Pela primeira vez, não surtou em nenhum momento! Deu risada ao me contar: "Não me interprete mal, não é que tudo tenha corrido às mil maravilhas. Nem de longe. Mas é como se eu simplesmente fosse capaz de lidar com as coisas sem ficar hiperestressada. Fiquei tão surpresa! Minha família e meus amigos estão ESTUPEFATOS!".

Portanto, não se preocupe se nada ocorrer enquanto você estiver meditando. Porque, quer perceba, quer não, dentro de você estão ocorrendo coisas importantes. Como diz Olivia Rosewood, professora do Unplug: "Não é só porque a meditação é algo simples e calmo que se deve subestimar sua força, sua importância e o que ela pode fazer pela sua vida".

4. MEDITAR NÃO É ESQUISITO

Talvez você goste de cristais ou de incenso. Não há nada de errado nisso. Pessoalmente, sou apaixonada pela meditação com cristais. Mas, se a fumaça faz você tossir ou caso se sinta meio idiota entoando "ooooooooom", tudo bem: para meditar não é preciso fazer nenhuma dessas coisas.

Para se beneficiar da prática, você não precisa se sentar com as palmas das mãos no colo viradas para cima ou com o indicador e o polegar formando a letra O, nem estudar a geometria sagrada das pedras curativas ou montar um altar com a foto emoldurada de um guru num canto do quarto. Não é preciso nem ser vegetariano.

Em geral, a meditação tem uma aura de mistério e misticismo. É por isso que tanta gente a associa a todo tipo de esquisitice. Mas uma coisa posso afirmar, depois de ter feito muitas e muitas horas de aulas e cursos, meditado diariamente (tá bom, quase diariamente) durante cinco anos, lido dúzias de livros e conversado com inúmeros professores brilhantes: a meditação só é esquisita se você fizer com que seja.

Em si e por si, não há nada de new age ou maluquete em sentar e focar sua atenção em um único ponto. É uma experiência espiritual? Pode ser, sem dúvida. Mas caminhar até o topo de uma montanha espetacular ou provar o pêssego mais delicioso do mundo também pode ser espiritual. Isso quer dizer que se trata de algo que inspira, eleva, toca sua alma. Não é preciso nem fazer toda a parte da jornada espiritual, caso não queira (embora, para mim, essa seja a melhor parte); *mesmo assim*, você vai pensar com mais clareza e se sentir mais tranquilo e feliz. O segredo é fazer da jornada algo pessoal, de modo que a meditação funcione para você e sua vida.

Por falar em espiritualidade, vamos esclarecer outro mito: a meditação não é religiosa. Ela tem raízes de 5 mil anos na China taoista, na Índia budista e, posteriormente, no Japão budista, mas não tem ligação direta com nenhuma religião específica. Cristãos, budistas, judeus, muçulmanos, mórmons e quaisquer outros podem meditar e meditam; é uma oportunidade aberta a todos de transformar a própria vida.

Essa prática é diferente da oração. Certa vez, ouvi dizer que oração é quando você envia seus pensamentos e sua energia para fora e para alguma coisa. Meditação, no entanto, significa se voltar para dentro. Em geral, a religião está enraizada na crença em um ser espiritual maior. Para mim, meditar é uma questão de conexão com a própria verdade, com quem você é com seu propósito na vida. Em vez de direcionar sua energia a uma força superior, em busca de inspiração e orientação, você obtém respostas dentro de si.

5. A MEDITAÇÃO NÃO PRECISA SER LONGA PARA SER EFICAZ

"Eu adoraria meditar, mas não tenho tempo."

Não sei dizer quantas vezes já me disseram isso. E quer saber? Essas pessoas estão certas. Ninguém *tem* tempo. É preciso criá-lo.

Você sempre vai ter a impressão de estar sem tempo se não reservar pelo menos alguns minutos para si mesmo. Mas sejamos sinceros: quando quer, todo mundo pode encontrar um momento do dia para fazer algo importante. Quantas vezes você largou tudo de repente quando seu filho ficou doente, ou foi a um show quando alguém conseguiu ingressos de última hora ou ainda ajudou um colega que passava por uma dificuldade? Para as coisas que importam, encontramos tempo.

De quanto tempo você precisa para meditar diariamente? Algumas correntes de pensamento consideram que quarenta minutos por dia são o ideal: vinte minutos de manhã e vinte minutos à noite. Outras falam em trinta minutos ao todo. Em termos técnicos, segundo Sara Lazar, neurocientista da Universidade Harvard que realizou estudos revolucionários sobre a meditação e o cérebro (mais a respeito na p. 57), se você passar de zero meditação a uma vez por dia, por 27 minutos, durante oito semanas, já vai alterar para melhor a estrutura física do seu cérebro. Na verdade, porém, até mesmo dez minutos podem fazer diferença. Isso não foi cientificamente provado, mas é o que eu sinto, então outros podem sentir também.

Faça experiências e veja o que funciona melhor para você, mas ouça o conselho da professora Laurie Cousins, que recomenda começar com a maior quantidade de tempo possível que se conseguir respeitar diariamente. Seja realista; a ideia é dar certo para você e sua vida. Mesmo que sejam apenas dez minutos por dia, você vai colher pelo menos parte dos benefícios.

O mais irônico é que, conforme arranjamos tempo para meditar, descobrimos ter, na verdade, *mais* tempo em nosso dia, e não menos. Ou, como Arianna Huffington nos disse certa vez, ao dar uma palestra no Unplug, você se torna "rico de tempo" — podre de rico de tempo! Na verdade, a sensação é de que o tempo se estica. Pergunte a qualquer pessoa que medita regularmente e ela vai confirmar. Jo, que tem quarenta anos, disse: "Você acha que não tem tempo de fazer nada, que tem tarefas demais, que é ocupada demais. Mas o mais bizarro é que acaba se tornando capaz de ficar mais focada e realizar mais coisas quando arruma tempo para meditar".

Eis a explicação iluminadora de Megan Monahan para o porquê de "ganharmos tempo" com a meditação:

Existem muitas coisas que parecem mais importantes do que ficar sentado "sem fazer nada". As pessoas encaram isso como tempo desperdiçado. A razão pela qual elas têm a impressão de não ter tempo é que estão sempre olhando para o passado ou para o futuro — dois lugares, por sinal, sobre os quais não se tem controle. Com isso, perdemos momentos e desperdiçamos energia. Um dos maiores benefícios da meditação é que você fica mais fincado no agora. Ela lhe propicia um ponto de vista mais centrado no presente, e de uma hora para a outra você fica mais focado e com a sensação de ter mais tempo para fazer as coisas, por não estar constantemente fugindo do momento em que de fato se encontra.

Algumas das pessoas mais ocupadas do planeta meditam — Oprah Winfrey, Kobe Bryant, Arianna Huffington. Elas encontram tempo. Nós também podemos encontrar.

6. A MEDITAÇÃO NÃO VAI FAZER VOCÊ PIRAR

Você tem medo de que a meditação faça seu cérebro virar geleia, transformando-o em um bicho-grilo, maluco beleza, viajandão? Não tenha medo. A meditação vai tirar o estresse do seu caminho, mas não vai tirar *você* do caminho. Não vai torná-lo menos alerta, menos focado, menos produtivo, menos nada (a não ser menos estressado, ansioso, agitado e esgotado).

Na verdade, é exatamente o contrário.

Pesquisas provaram que a prática regular da meditação nos torna muito *mais* funcionais e produtivos. Com toda a certeza, foi verdade no meu caso. Ela clareia a confusão mental e me torna mais metódica e reflexiva, menos caótica. Antes, eu acordava, pulava da cama e entrava de cabeça na minha lista de tarefas. Passava o dia ligada, reagindo a tudo o que passava pela minha frente. No fim, desmaiava na cama, só para acordar no dia seguinte e fazer tudo de novo.

Hoje, começo o dia desacelerada e me conecto comigo mesma na meditação. Antes mesmo de sair da cama, medito por quinze minutos. Então mapeio o que quero fazer no dia. Sou proativa em vez de reativa. Tenho a sensação de controlar meu tempo, em vez de me sentir à mercê de qualquer coisinha que aparece a cada minuto. Consigo fazer muito mais coisas, porque não sou sugada por uma espiral de preocupações nem gasto meu tempo inconscientemente, perdendo horas com coisas que não são úteis para aquilo que me propus fazer naquele dia (como compras pela internet!).

Tenho a mesma paixão e a mesma energia que sempre tive — ou até mais. Meditar só me dá vantagens. Antes de abrir meu estúdio, realizei muitas coisas, mas ele é de longe a mais importante. É bom ter uma sala de meditação para onde correr, porque, como sou dona de um negócio, em certas horas só quero me esconder em um cantinho e chorar. Você está sempre trabalhando, porque sofre cobranças das pessoas 24 horas por dia, sete dias por semana. O sistema caiu... a gerente não trouxe a chave e 27 pessoas estão esperando do lado de fora... seu melhor professor lhe dá a notícia de que vai passar três meses na Índia. Não pense que eu simplesmente digo "Ah, tudo bem, não tem problema" quando essas coisas acontecem. Mas, graças à dádiva do distanciamento, sou capaz de lidar com elas de uma maneira muito melhor e sigo adiante. Trato de problemas de maneira mais ponderada e eficiente, em vez de desperdiçar minha energia com coisas que não posso controlar.

Na época em que trabalhava com moda, muitas vezes entrava na frequência do pânico. Agora, me atenho à frequência da produtividade: se deparo com algum problema, ponho a mão na massa na mesma hora. Antes eu me estressava, enlouquecia até conseguir o look número 37 do desfile da Michael Kors de que precisava para um ensaio fotográfico. Hoje, quando não consigo alcançar ou realizar alguma coisa imprescindível (guardadas as devidas proporções da minha nova vida), mudo de estação em poucos instantes, sabendo que vou encontrar coisa melhor com que ocupar a cabeça.

Ainda sou uma pessoa competitiva, só que de outra forma. Parei de olhar para todos os lados, porque não preciso mais. Minha rival sou eu mesma. A chama dentro de mim continua ardendo com a mesma intensidade, mas não para superar os outros. Minhas ideias estão mais claras do que nunca, e consigo enxergar o caminho para torná-las realidade. Muitas pessoas são incapazes de ouvir os próprios instintos por estarem ocupadas demais. Consigo ouvir os meus, de verdade, porque tenho clareza. É essa a vantagem competitiva, e ela está bem diante do meu nariz. Os Seattle Seahawks venceram o Super Bowl, em 2013, depois que o treinador Pete Carroll contratou o famoso psicólogo esportivo Michael Gervais para ensinar meditação aos jogadores. Um jornalista da rede ABC News até brincou que o time passou a ter a "vantagem do om".

Há inúmeros altos executivos que vêm assistir às nossas aulas e nos contam que a meditação os ajuda a tomar decisões lógicas, e não emocionais. Trata-se de uma vantagem visível. Quando o lendário bilionário Ray Dalio, fundador de um grande fundo de investimentos, diz "Mais que qualquer outra coisa em minha vida, a meditação foi o principal ingrediente de todo o sucesso que porventura tive", acredito que todos podemos concordar que a meditação não deixa ninguém menos incisivo.

Eu me tornei uma ouvinte e uma líder muitíssimo melhor para a diversificada equipe comandada por mim graças às ferramentas que adquiri por meio da meditação constante. Antes, ficava presa ao ritmo frenético do meu dia, e às vezes me sentia paralisada pela infinidade de decisões que tinha de tomar ao longo da semana. Agora, consigo parar, estar presente e refletir sobre os passos a seguir, tomando decisões muito melhores. Não fico mais criando narrativas a respeito do que poderia ter acontecido — me mantenho focada no lugar onde estou e naquilo que posso mudar AGORA. *Talvez pareça chocante (e hilário), mas hoje me veem como uma pessoa "com a cabeça no lugar"! Minha equipe percebeu a enorme mudança, e a produtividade e o comprometimento dela vão muito além das minhas expectativas.*

KATHY, 54 ANOS, VICE-PRESIDENTE E
GERENTE-GERAL DA BLOOMINGDALE'S

7. VOCÊ NÃO PRECISA "BLOQUEAR" O CÉREBRO

O maior mito relativo à meditação é que temos que esvaziar a mente ou bloquear os pensamentos. É uma boa notícia para mim, porque meu cérebro funciona 24 horas por dia, sete dias por semana, como imagino que o seu também.

O objetivo da meditação não é suspender seus pensamentos — o que, de qualquer maneira, seria impossível. Através dela, permitimos que eles passem e depois voltamos ao foco. O processo é a prática. É uma repetição mental semelhante a um exercício com halteres para o bíceps. Você faz e faz, até que adquire força, tornando o "músculo mental" pronto para atuar a seu serviço na vida cotidiana. Logo você percebe que leva menos tempo para se tocar de que está "viajando" e consegue voltar a se concentrar mais rapidamente.

Vou mostrar como isso funciona. Outro dia fui até a garagem pegar o carro para ir a uma reunião e descobri que alguém havia bloqueado minha vaga. Eu já estava dez minutos atrasada. Minha primeira reação foi pensar: "Quem é que faz um negócio desses? Que idiota! Tenho uma reunião... Vou perder um tempão com isso. Estou presa aqui". Senti que começava a me exaltar e que estava sendo apenas reativa.

Não pense que nunca mais fiquei irritada assim. Lembre: *você não tem como impedir que pensamentos e emoções surjam*. A diferença é que, agora, posso redirecionar tudo isso rapidamente, antes que a irritação tome conta. Assim, depois de alguns segundos, eu me detive, respirei fundo e percebi que, por mais possessa que ficasse, aquilo não ia ajudar muito. Então resolvi voltar para dentro e pensar em outra forma de ir para a reunião.

Foi aí que aconteceu uma coisa que eu não esperava. Uma mulher saiu do prédio para mover o carro do lugar, porque se deu conta de que poderia estar bloqueando alguém. Vou ser franca: antes, eu ficaria de cara amarrada, para que ela soubesse o quanto estava brava — aquilo teria algum impacto sobre ela e faria com que eu me sentisse mal posteriormente por minha falta de educação. Eu poderia ter perdido dez minutos da minha vida com raiva, sentindo-me tensa e bastante irritada com ela e comigo mesma. Em vez disso, deixei que a negatividade tomasse conta de mim por poucos instantes e reagi de maneira mais gentil e racional. No fim, acabei agradecendo a ela por ter pensado naquilo e não ter me deixado esperando mais. Era a meditação agindo dentro de mim.

É importante deixar que as emoções apareçam, para que em seguida possamos deixá-las ir embora e consigamos seguir em frente. Emoções reprimidas são causa de estresse e depressão. Quem quer ter isso? A meditação não impede de sentir emoções, da mesma forma que não impede de pensar — apenas faz você se dar conta de suas emoções e de seus pensamentos mais rapidamente. Quando você nota que uma emoção está tomando conta, é capaz de recuar e contemplá-la. Então, percebe que seus pensamentos e emoções ditam quem você é. Você não *é* triste; você *está* triste. Você não *é* mal-humorado; você *está* mal-humorado. Separar *você* de *como você se sente* é o caminho para a libertação, a rota direta para o retorno a uma mente tranquila e racional.

Tentar deter ou afastar pensamentos negativos não funciona. O truque, na verdade, é deixar que venham, se dar conta deles e vivenciá-los plenamente, de modo a permitir que vão embora. Um pouco mais adiante vou dar todas as dicas e todos os truques dos especialistas para "deixar para trás" os pensamentos que entristecem ou incomodam você. É bem mais fácil do que imagina.

Participei de oficinas e comprei CDs, mas sinto que, até compreender certas coisas, nunca tinha sido capaz de meditar. Primeiro precisei entender que é impossível parar os pensamentos. Esse mito já está tão enraizado... Depois, aprendi que você pode ver a si mesmo como mero portador de seus próprios pensamentos. Que eles sempre vêm e vão, mas que você pode retomar o foco simples-

mente respirando (ou voltando ao mantra). Sensacional!
Essas são duas alterações sutis que de fato abriram meus
olhos — e minha mente.

LANA, 45 ANOS, DIRETORA DE RELAÇÕES PÚBLICAS

8. NÃO EXISTE MEDITAÇÃO RUIM

A única meditação ruim é aquela que você não faz.

É o que diz Davidji, e eu concordo. Toda prática tem valor — até as mais difíceis. Claro que há algumas sessões frustrantes, nas quais você tem a impressão de estar brigando com o próprio cérebro. Mas, na verdade, são justamente elas que têm *mais* valor. Quanto mais você luta, mais forte o músculo da concentração se torna. Algumas vezes seu foco será redirecionado com facilidade, outras não. De qualquer modo, a atividade fortalece seus músculos e faz o cérebro crescer, literalmente (falarei mais a respeito adiante).

Ainda acontece de eu meditar e me sentir frustrada. Em geral, isso ocorre quando estou no estúdio, e não em casa. Sou dona do meu próprio negócio, por isso minha tendência natural é me preocupar demais com a experiência que as demais pessoas na sala estão tendo. Quero que gostem! Então fico "escaneando" mentalmente a sala, pensando em maneiras de torná-la melhor para todos. Mas, nas vezes em que estou lá para meditar, preciso parar de pensar em coisas como "Tenho que ajeitar isso ou melhorar aquilo" e me concentrar no foco, no aqui e agora. Preciso me reconciliar com a maneira como as coisas estão naquele minuto, deixando de lado a vontade de querer consertar o entorno (a parte engraçada é que, ao fazer isso, fico mais sintonizada e tenho ótimas ideias). É o começo do êxtase: estar totalmente presente e deixar para lá a ideia de que consigo controlar as circunstâncias. É incrível o quanto isso me torna mais feliz.

Algumas vezes, quando medito, só consigo ter trinta segundos de paz. Mas, embora eu talvez ache que essas são "meditações ruins", sei que não são, porque mesmo assim estou condicionando meu cérebro. É treinamento. O professor de meditação Light Watkins chama esse exercício contínuo de transitar dos pensamentos para o foco de "polichinelo interior". O iogue Baron Baptiste chama de "ginástica do eu". Qualquer que seja o nome que se dê para a musculação mental, ela sempre será boa para você.

De vez em quando ainda me pego divagando nas sessões. Sinto meus pensamentos fazendo força para assumir o controle. Mas o que mudou foi o seguinte: antes, eu ficava decepcionada comigo mesma, com a sensação de que tinha fracassado na sessão. Agora, aprendi a aceitar minha não aceitação. Não é irônico? Simplesmente respiro, sorrio por dentro e continuo a respirar, sem fazer juízo sobre mim mesma.

CJ, 57 ANOS, ESCRITORA E EDITORA DE LIVROS

---

9. EXISTEM TANTAS MANEIRAS DE MEDITAR QUANTO DE PREPARAR OVOS

Essa é uma frase da professora de meditação Olivia Rosewood, uma das pessoas mais alegres, cheias de vida e amáveis que conheço. Olivia aprendeu a meditar com George

Harrison (sim, *aquele* George Harrison) quando tinha dezoito anos e passou muito tempo viajando pelo mundo e trabalhando diretamente com Eckhart Tolle — e isso é só uma pequena amostra de como ela é legal e cheia de contatos. Na verdade, a frase exata — que adotei, por concordar 100% com ela — é: "Existem tantas maneiras de meditar quanto de fazer ovos, e adoro todas elas!".

Quando você começa a se envolver com o mundo da meditação, é bombardeado por todos esses estilos. É quase tão difícil quanto escolher um chocolate na prateleira do supermercado. Todo mundo diz que você deve escolher um tipo e ser fiel a ele, como se os outros não fossem tão bons quanto, mas eu discordo. Quando comecei a explorar esse mundo, prometi a mim mesma que manteria a mente aberta, e o que descobri é que todos os estilos têm alguns princípios básicos em comum. Da mesma forma que o chocolate, você pode gostar mais de alguns que de outros. Mas, seja chocolate branco, ao leite ou amargo, no fim das contas é chocolate que você está comendo.

Existem várias linhas no mundo da meditação, e daria para passar muitos anos estudando a história e as vantagens e desvantagens de cada tipo. Seria interessante, mas, francamente, você não *precisa* dessas informações para meditar. Depois de começar a prática, incentivo você a experimentar todos esses estilos, para ver qual funciona melhor para você.

Existem três correntes principais:

1. Meditação mântrica

2. Atenção plena (ou *mindfulness*)

3. Meditação guiada

"Mantra" é uma palavra do sânscrito que pode ser traduzida como "instrumento da mente" (*ma* é "mente" e *tra* é "instrumento"). Um mantra é uma palavra que você repete continuamente, em silêncio, para si mesmo, como seu ponto focal. É uma palavra que o afasta de seu monólogo interior e o leva para dentro de si mesmo. Em geral é algo muito simples, como "om", ou "Eu sou". Nessa meditação, você deixa todos os sons e as sensações à sua volta entrarem, mas, quando percebe que a mente se desviou do mantra, retorna a ele de maneira doce e suave.

A prática consiste em recomeçar o tempo todo. Ocasionalmente (e com frequência cada vez maior, à medida que se acostuma), você vivencia o intervalo entre o foco do mantra e os pensamentos. É um espaço de vazio sem preocupações, medo ou distrações. É um sentimento bom de amplitude e consciência pura. E aí... BUM! Sua mente o leva desse lugar agradável de volta a seus pensamentos. E a melhor maneira de voltar a ele é através do mantra.

Gosto de usar o mantra porque é uma ferramenta rápida e simples para se desviar dos próprios pensamentos. É um pouco como contar: não dá para contar de um a dez e pensar ao mesmo tempo. Tente agora mesmo e entenderá o que quero dizer.

Há três variedades de meditação mântrica:

a) Meditação transcendental

b) Meditação védica

c) Meditação com som primordial

Meditação transcendental é o estilo desenvolvido por Maharishi Mahesh Yogi, que ficou famoso por ter sido o guru dos Beatles. Ele a criou na Índia e a trouxe para o Ocidente no final dos anos 1950. A meditação transcendental tem seus próprios mantras característicos, que Maharishi carregou de energia e que são concedidos aos praticantes em segredo, sem poder ser revelados a mais ninguém. O trabalho é feito individualmente com o instrutor durante quatro dias, em geral na casa dele ou num centro de meditação. O ensinamento começa com uma cerimônia, em que flores ou frutas são dadas ao instrutor. Entoa-se uma canção em sânscrito e acende-se um incenso num altar coberto de arroz e contas de mala (para orações hindus), adornado com um retrato de Maharishi Mahesh Yogi. A filosofia da meditação é ensinada, e cada sessão tem duração de vinte minutos, sempre usando a palavra pessoal para afastar os pensamentos e se aproximar do centro silencioso do aqui e agora. Para ler mais a respeito, acesse o site oficial da meditação transcendental, <tm.org> (em inglês).

A meditação védica surgiu antes da meditação transcendental. É parecida com ela, mas não é uma marca registrada. Seus mantras foram criados por vários gurus diferentes, e, embora o altar e a cerimônia sejam parecidos, o guru no quadro nem sempre é o mesmo.

Já a meditação com som primordial usa um mantra que cria um ruído vibratório específico, como "om". O som primordial tem raízes profundas na tradição védica, que acredita na existência de um som específico que ecoa em cada um, baseado no som que o universo estava fazendo no momento do nascimento. Há professores capazes de calcular seu som primordial particular, mas, se quiser experimentar sozinho, você pode só repetir "om" profundamente até que ecoe em seu peito e conferir a sensação.

Do outro lado do rio está a meditação com atenção plena.

O povo de lá acha que é muito diferente daqueles da meditação mântrica, mas, na essência, a experiência é parecida — o que muda é o cerimonial. Em vez de um mantra, usa-se a respiração para chegar ao mesmo lugar. Você também pode se apoiar em um ponto focal externo, como a chama de uma vela, um aroma, um sabor — qualquer coisa que o mantenha ancorado no presente. Evidências científicas mostram que seu cérebro apresenta efeitos similares quer você foque em sua respiração, quer em uma sensação, quer em uma palavra. Lembre: são todos chocolates, e todos são bons.

Jon Kabat-Zinn e Jack Kornfield são os fundadores desse tipo de meditação. Jon Kabat-Zinn é o autor do clássico *Wherever You Go, There You Are* e criador do famoso Programa de Redução do Estresse Baseado na Meditação da Atenção Plena, um curso de oito semanas desenvolvido no Centro de Medicina da Universidade de Massachusetts. Os benefícios do programa no auxílio a pessoas com todo tipo de problema, do estresse cotidiano a doenças que põem a vida em risco, foram comprovados cientificamente. Centenas de centros médicos do mundo inteiro, entre eles o Duke Integrative Medicine e o MD Anderson Cancer Center, oferecem programas moldados a partir desse curso.

Jack Kornfield é bastante reconhecido como um dos pais do budismo no Ocidente. Ele é autor de best-sellers e ensina meditação há mais de quarenta anos. Foi pioneiro da prática da *vipassana* (palavra em sânscrito que significa "ver as coisas como realmente são"), uma versão budista da atenção plena criada na Índia. Também é fundamentada na respiração e no foco único, mas tem uma base intelectual e espiritual diferente.

Por fim, mais adiante na estrada, vem a meditação guiada. Nela, um guia conduz o praticante numa jornada a determinado lugar por meio de instruções verbais. Gosto de pensar na meditação guiada como uma base espacial, porque a sensação é de partir em um voo para novos lugares. Por exemplo, é como viajar mentalmente para o Caribe, ou fazer uma visita a seu futuro eu, ou ainda descobrir desejos e sonhos ocultos que nunca imaginou ter. Gosto desse tipo de "imaginação guiada" porque nela nunca sabemos o que vamos descobrir ou vivenciar.

Em vez de focar em um mantra ou na própria respiração, na meditação guiada o foco recai sobre a voz do instrutor e o caminho imaginário pelo qual o guia conduz. Em vez de trazer de volta seu foco para um mantra ou para a própria respiração, é só se redirecionar para a voz do guia e para sua imaginação.

Pois bem, isso é tudo o que há para dizer: mexidos, cozidos ou fritos, vale a pena experimentar todos os estilos para ver qual você prefere!

E por falar em maneiras diferentes de meditar...

10. CORRER, COZINHAR OU JOGAR GOLFE NÃO É MEDITAR

Muita gente acha que correr, dirigir, ler ou qualquer outra coisa que se faz para "relaxar" é o mesmo que meditar. Essas podem até ser atividades *meditativas*, no sentido de que tiram você do seu fluxo normal de pensamento, mas não são *meditação*. Você se desliga de uma maneira que sem dúvida tem seu valor, mas há uma diferença fundamental: nessas atividades, você se distrai, o que é exatamente o contrário de focar sua atenção num único ponto. Como você já sabe, meditação é uma questão de foco. O redirecionamento de sua atenção quando ela divaga é o que, com o passar do tempo, reconfigura seu cérebro — e sua vida.

Como explica Davidji: "Quando você permite que seus pensamentos vão e venham, está embarcando numa enorme viagem que, no fundo, é como sonhar acordado. Mas, quando existe um objeto de atenção para o qual retornar, como sua respiração, você está cultivando alguma coisa".

Então, nada melhor do que correr ou assar uma fornada de biscoitos se isso ajuda você a relaxar. Depois, pode se sentar para meditar, e aposto que desfrutará dessas atividades cem vezes mais.

Coisas estranhas e maravilhosas que podem acontecer

Quero, de verdade, que todos os habitantes da Terra meditem. Esse é meu objetivo, porque tornaria *tudo* melhor. Sei que é verdade, porque vi e vivenciei isso. Mas, mais do que isso, como já disse, existem evidências científicas sérias que dão embasamento a quase tudo o que já se falou a respeito dos poderes da meditação.

Existem inúmeras razões para meditar, mas acho que a mais convincente é o fato de *literalmente* melhorar seu cérebro. A prática altera a forma da substância cinzenta, tornando você uma pessoa mais atenta, feliz e tranquila. Isso foi provado cientificamente.

Sara Lazar, neurocientista do Hospital-Geral de Massachusetts e da Faculdade de Medicina de Harvard, realizou dois estudos separados que, através de tomografias, demonstraram como a meditação molda o cérebro. Ela resumiu tudo isso numa incrível conferência TEDX que vale muito a pena ver, mas cujos pontos principais vou resumir aqui.

Em primeiro lugar, ela comparou as tomografias dos cérebros de pessoas da região metropolitana de Boston que meditavam regularmente com as de pessoas que não meditavam. Nos praticantes regulares, Sara encontrou diversas regiões do cérebro que tinha mais substância cinzenta — em especial no córtex pré-frontal, a região que controla a memória e a tomada de decisões concretas. Já está bem documentado que essa parte do cérebro encolhe à medida que envelhecemos (é por isso que começamos a não encontrar os óculos e a levar mais tempo para tomar decisões). Porém — e é aí que a coisa fica realmente interessante —, as tomografias mostraram que os cinquentões que meditavam tinham tanta substância cinzenta nessa região quanto as pessoas de 25 anos que não meditavam. Em outras palavras: não havia encolhimento, confusão ou desaceleração dos processos mentais.

Mas será mesmo que o motivo era a meditação contínua? Sara Lazar tentou descobrir. Ela e seus colegas fizeram um segundo estudo com pessoas que nunca tinham meditado. Escanearam seu cérebro e depois fizeram um grupo passar pelo Programa de Redução do Estresse Baseado na Meditação da Atenção Plena, que solicitou que meditassem diariamente durante vinte a quarenta minutos (a média foi de 27 minutos). Ao final das oito semanas, quando Lazar voltou a escanear os cérebros e comparou as imagens, os resultados foram mais uma vez espantosos. Ela constatou visíveis mudanças físicas nas regiões do órgão que controlam o aprendizado, a memória, o foco, a regulagem das emoções, a empatia etc.

Essa é uma das principais razões de eu amar a meditação. Você não precisa tentar. Basta sentar e *fazer*, e seu cérebro se reconfigura sozinho.

Além disso, a prática traz consigo todos os demais benefícios que mudam nossa vida. O resultado da meditação é diferente em cada pessoa, mas ainda estou para encontrar alguém que não tenha vivenciado pelo menos algumas dessas alterações positivas. A seguir, meus "melhores momentos" favoritos, acrescidos de algumas das minhas ideias preferidas, ditas por especialistas no assunto.

VOCÊ VAI FICAR MAIS FELIZ

A meditação é uma ferramenta essencial para obter a máxima felicidade possível da vida.

OLIVIA ROSEWOOD

Uma das coisas que mais gosto de fazer é observar como o semblante dos alunos passa de estressado para sereno durante a meditação. Eles chegam correndo ao estúdio, recém-saídos do inferno do tráfego de Los Angeles, aparentando estar preocupados, e saem quase flutuando da sala de meditação 45 minutos depois, com cara de quem acabou de passar uma semana num spa.

Mas é o que acontece com eles ao cabo de algumas semanas — ou, em certos casos, até mesmo alguns dias — que me impressiona de verdade. As pessoas ficam simplesmente *mais felizes*. Ficam mais leves e bem-humoradas. Caminham mais eretas. Sorriem mais. Esse aumento na alegria é tangível na aparência, na voz, no caminhar e na forma como interagem com aqueles à sua volta.

Essa felicidade é genuína. Melhor que isso: é duradoura, porque o que se está reconfigurando não é apenas o cérebro, mas a capacidade de ser feliz. A meditação renova a felicidade — como tirar férias, só que dura mais. Pesquisadores holandeses descobriram que os efeitos de férias "muito relaxantes" se esvaem em apenas duas semanas. Meditar é bem mais barato que ir para a praia, e muitos estudos científicos mostram que nos faz mais felizes no longo prazo. Seu brilho pode durar por todo o tempo que você quiser.

Todos temos aquilo que os psicólogos chamam de "nível pessoal de felicidade", que é a capacidade individual de ficar feliz. O meu pode ser elevado, enquanto o de outra pessoa pode ser baixo. Mas a boa notícia, para aqueles que não nasceram naturalmente felizes, é que esse nível pessoal *não está gravado em pedra*. Está provado que temos capacidade de desenvolver neurônios novos, o que significa que podemos treinar o cérebro para que ele passe de felicidade moderada a extrema. Ou, como gosta de dizer a professora de meditação Amy Budden: "A meditação pode se sobrepor ao ambiente e à genética e ajudar você a consolidar sua felicidade". Ou seja, literalmente não há limite para o quão feliz sua vida pode ser!

Eis apenas alguns dos estudos por aí que provam que a meditação nos torna mais felizes:

- Estudos da neurocientista Sara Lazar mostraram que a meditação faz encolher a amígdala cerebelar — a parte do cérebro que controla a ansiedade e o medo —, resultando em redução do estresse e mais alegria.

- Um estudo realizado por pesquisadores da Universidade da Califórnia em Davis demonstrou que a meditação pode reduzir os níveis de cortisol, também conhecido como hormônio do estresse.

- Richard Davidson, ph.D. da Universidade de Wisconsin, e sua equipe, em parceria com Jon Kabat-Zinn, fizeram um grupo de funcionários estressados de uma empresa de biotecnologia passar pelas oito semanas do Programa de Redução do Estresse Baseado na Meditação da Atenção Plena (caso precise de um refresco para a memória, volte à p. 54). Eles constataram que os empregados que o concluíram demonstraram maior atividade na parte esquerda do córtex pré-frontal — a região tranquila e feliz do cérebro.

- Um estudo realizado por pesquisadores da Universidade Yale demonstrou que pessoas que meditam há anos sonham menos acordadas. Isso é importante porque, quando nossa mente divaga, costuma ir para assuntos que remoemos ou que nos preocupam; logo, menos divagações estão associadas a mais felicidade. Segundo outro estudo, feito em Harvard, voluntários relataram ficar muito menos felizes quando suas mentes estavam divagando do que quando estavam mergulhados por completo naquilo que estavam fazendo. Estar presente, foi a conclusão, é o caminho para a felicidade.

- Um estudo realizado na Faculdade de Medicina da Universidade Johns Hopkins e publicado na revista *JAMA Internal Medicine* mostrou que a meditação pode propiciar certo alívio dos sintomas da ansiedade e da depressão, de maneira similar a medicamentos. Paz e felicidade sem precisar de receita!

Quando comecei a meditar, estava na pior. Tinha acabado de passar por um divórcio e sofrer uma desilusão logo no relacionamento seguinte. Fiquei muito deprimida, porque nunca, na minha vida adulta, estivera solteira. Me entre-

guei à meditação, praticando três vezes por semana durante um mês inteiro. De sessão em sessão, comecei a notar mudanças.

A primeira coisa que percebi foi que meu sentimento de tristeza começou a diminuir. Comecei a aceitar melhor o fato de estar sozinha. Me sentia mais feliz, mais corajosa e aberta a coisas novas. No geral, me sentia simplesmente mais calma e equilibrada — coisas como trânsito ou críticas já não me incomodavam tanto. E agora que "voltei ao mercado" consigo perceber as situações que são boas para mim e as que não são. Não fico analisando demais as coisas nem as levo mais tanto para o lado pessoal. Estou apenas mais presente, vivendo o momento. Poderia falar muito mais, porque a meditação mudou minha vida por completo, de muitas maneiras! Experimente por um mês e veja o que acontece.

COURTNEY, 35 ANOS, REPÓRTER DE TELEVISÃO

VOCÊ VAI LIDAR MELHOR COM OS PROBLEMAS

A meditação cria resiliência, e a resiliência é fundamental para uma vida mais feliz, porque permite que você consiga dar a volta por cima e se deixar levar pela vida. Isso não significa não ter problemas, e sim dispor de ferramentas para lidar com eles, em vez de se sentir esgotado ou vítima da situação. Você descobre que pode escolher como reagir perante a vida.

LAURIE COUSINS

Uma coisa irritante acontece. Você reage.

Uma coisa decepcionante acontece. Você reage de novo.

A terceira, a quarta, a quinta coisa acontecem. Você reage, reage, reage.

É assim que a maioria de nós vive. É absolutamente normal e automático: alguma coisa inesperada cruza nosso caminho e reagimos de forma instantânea, por reflexo. Não há uma pausa entre o estímulo e a resposta. É assim:

FATO → REAÇÃO AUTOMÁTICA

O problema é que muitas vezes isso desencadeia algo negativo. Esbarramos num problema e na mesma hora nos sentimos irritados, ansiosos, frustrados, culpados, e assim por diante. Esse tipo de reação automática, além de causar uma sensação ruim, perturba nossa capacidade de pensar de maneira clara e racional antes de reagir. Por isso, nos mantém ainda mais tempo presos nesse ciclo.

A meditação nos liberta disso, criando uma pequena pausa entre o acontecimento e a reação. É como apertar uma tecla "pause" imaginária, que congela o tempo e permite que você se acalme e se recomponha, tudo em uma fração de segundo.

Digamos que seu computador travou na pior hora possível, bem quando um prazo importante se aproxima... Suas opções comuns costumam ser:

a) Entrar em pânico.
b) Descarregar sua fúria no fabricante ou na tecnologia em geral.
c) Se autoflagelar por não ter levado a sério a notificação de "atualização crítica necessária" que aparecia toda hora na tela.

Ou você pode apertar a tecla "pause" entre o momento em que o computador dá pane e a reação automática. Nessa hipótese, você *percebe* a reação ocorrendo, então se separa dela para poder *decidir* como quer reagir. Desse modo, você passa a reagir conscientemente em vez de trabalhar no piloto automático. Então, em vez de FATO → REAÇÃO AUTOMÁTICA, a coisa fica um pouco mais parecida com isto:

FATO → RESPIRAÇÃO E REFLEXÃO →
REAÇÃO CALMA E CONSCIENTE

O que a meditação tem de bonito é que, depois de algum tempo, essa reconfiguração acontece por si só. Não é preciso fazer nada além de meditar. Observar seus pensamentos durante a prática treina sua mente para se separar deles, e essa separação devolve seu poder de decisão.

Eis um ótimo truque que aprendi com Natalie Bell, professora do Unplug, para ajudar você a se separar de seus pensamentos e emoções. Ela trabalha com diversos executivos e empresas, entre elas a National Football League (NFL), a Chipotle, o Deutsche Bank e a Wharton School of Business. Por isso, entende muito bem o valor da capacidade de se desprender de uma configuração automática falha e reagir de um ponto de partida tranquilo e racional. Quando nossos pensamentos ou emoções sobrevêm, nós as rotulamos. Por exemplo: "Xi, estou ficando zangada" ou "Estou nervosa". Parece simplório, mas tem um poder enorme. Como explica Natalie, a ciência nos mostra que, quando rotulamos a emoção por trás de uma sensação, a amígdala cerebelar (a parte do cérebro que gera o estresse e nos manda lutar ou correr) começa a se acalmar. É dessa forma que você se torna observador do pensamento, sem se deixar envolver demais por ele. Quando você consegue ver o pensamento, é porque ele se separou de você; você está aqui, e o pensamento está lá. Com isso, é possível dar um passo para trás, observá-lo e deixá-lo ir embora, para que retorne ao aqui e agora, ao seu centro, à sua zona — atribua a esse lugar o nome que quiser.

A rotulagem é uma ferramenta poderosa, em especial quando você começa a meditar, e ainda me sirvo bastante dela. Assim que me dou conta de que estou à deriva, dou um rótulo ao que está acontecendo, e isso me redireciona para minha respiração. Às vezes pode ser *estou mais uma vez fazendo listas de tarefas na minha cabeça*; outras vezes, *estou incomodada porque não consigo relaxar*. Redireciono, então, minha atenção de volta para a respiração, e consigo me livrar do monólogo interior com facilidade. Com o passar do tempo, você começa a realizar naturalmente esse processo de rotular as coisas e deixar que se vão, sem ter que passar pelo ciclo cognitivo completo.

Uma ressalva de Natalie em relação à ideia de "deixar ir embora" como um todo é que não devemos confundir *deixar os pensamentos irem embora* com evitá-los. Não é a mesma coisa. Evitar pensamentos e emoções nunca dá muito certo, pois eles sempre voltam. O que se deve fazer, na verdade, é "deixar rolar", permitindo que os pensamentos venham e tendo ciência deles, para então deixar que passem, sem dar tanta importância a como você reage a eles. Todo e qualquer pensamento que surja é bem-vindo, porque significa que eles não exercem mais um poder silencioso sobre você.

No fim das contas, à medida que vai condicionando o cérebro, acontece uma coisa ainda mais notável. Os probleminhas do cotidiano não parecem mais tão importantes, porque você, na verdade, alterou a maneira como pensa.

Você começa a desenvolver resiliência e capacidade de se ater àquilo que está aqui, no presente. Você se livra da batalha interior provocada pelo desejo de que as coisas sejam diferentes e passa a ser capaz de lidar com o que quer que ocorra com clareza e de um ponto de vista tranquilo. E não pense que isso quer dizer ignorar as adversidades que você encontra pelo caminho — só significa que você se mantém numa zona que lhe permite se desviar dos obstáculos com calma e precisão. Quanto mais fizer isso, melhor será sua perspectiva geral em relação às transformações da vida.

A meditação também ajuda a superar questões maiores — e de maneira bastante profunda. Talvez você nem se dê conta de todo o efeito que a prática tem até deparar com um problema sério e perceber de repente o quanto está mais bem equipado para lidar com ele. Olivia Rosewood passou por uma experiência de cortar o coração: suas duas filhas nasceram com más-formações que fizeram com que precisassem passar por múltiplas cirurgias, de modo que ficaram anos entrando e saindo de hospitais. Durante uma dessas cirurgias, a caçula ficou sem oxigênio, o que resultou em danos cerebrais permanentes. Isso talvez pudesse tornar Olivia uma pessoa amarga e revoltada, mas ela é o exato oposto. "Eu me sinto afortunada e grata por ter o desafio de criar uma criança com necessidades especiais. Acho que meu treinamento e minha prática de meditação estavam me preparando para isso. Quando você se vê diante de grandes desafios, como situações de vida ou morte, todo o tempo passado meditando serve como uma espécie de poupança de energia à qual se pode recorrer. A meditação lhe permite aceitar as coisas como são, em vez de resistir a elas", diz Olivia.

Ela não é incrível?

É isso que a prática pode fazer por nós. Basta sentar, fechar os olhos e respirar conscientemente, todos os dias.

Depois de uma série de transformações importantes em minha vida — casar, mudar de carreira, ter um filho — num espaço de apenas dois anos, comecei a sofrer ataques de pânico. Meu coração disparava, descontrolado. Cheguei a ir parar duas vezes no hospital, achando que estava tendo um infarto. Os médicos faziam aquela cara e sugeriam que eu tomasse um calmante, mas preferi tentar outra coisa que não remédios. Comecei a meditar, e isso mudou tudo.

A meditação me permitiu sentar no banco da praça e simplesmente observar as coisas passando pela minha cabeça. Ela permitiu que eu assumisse o controle de quase tudo o que sentia, colocando meus pés no chão. Aonde quer que fosse, eu fechava os olhos e deixava a respiração me servir de âncora, como o tal banco da praça. Eu rotulava todo o resto — a sensação de ansiedade, por exemplo — e me permitia apenas contemplar em vez de vivenciar.

Para mim, a meditação é uma forma de saber viver em paz em meio ao estresse. Não dá para alterar muitas coisas que acontecem à nossa volta. Por isso, é muito mais sensato tentar conviver com elas. A meditação não ensina a ignorar o ruído, mas a viver com ele. Não se deixa de ouvi-lo. Parte de uma meditação bem-sucedida é a aceitação disso, e não achar que o estresse vai embora — só acaba ficando mais fácil geri-lo.

PAUL, 46 ANOS, OPERADOR DO MERCADO FINANCEIRO

VOCÊ VAI SER MAIS BEM-SUCEDIDO

A meditação proporciona clareza e foco para atingir o desempenho ideal. Quando você treina o executivo que existe dentro do seu cérebro, as decisões se tornam mais claras e seu trabalho se torna mais produtivo e recompensador.

NATALIE BELL

Pergunte isso a qualquer pessoa que medita regularmente e ela vai confirmar. Por quê? Porque sua concentração aumenta, sua memória fica mais aguçada e você consegue se voltar — quando bem entender — para a parte do seu cérebro que resolve as coisas. Além disso, como ouvi o magnata da indústria fonográfica Russell Simmons, um adepto da meditação, dizer na Conferência Global do Milken Institute em 2016: "A meditação deixa você mais feliz, e felicidade traz dinheiro".

A professora Lena George define a si mesma como uma "nerd do cérebro". Formada em hipnoterapia e terapia de libertação emocional (EFT, da sigla em inglês. Mais a respeito na p. 157), ela é uma especialista obrigatória quando se discutem os efeitos neurológicos da meditação. Eis seu ponto de vista em relação à forma como a prática nos torna mais produtivos:

Meditar nos ajuda a pensar de maneira mais racional. Treinamos nosso cérebro a passar de uma parte (a amígdala, que é a área primitiva, reativa) para outra (o córtex pré-frontal, que controla o raciocínio mais elaborado). O estresse tem a ver com se sentir ameaçado. Quando isso acontece, recorremos ao cérebro primitivo e reagimos lutando ou correndo.

Em estado de estresse, ficamos dispersivos — em outras palavras, sem foco e improdutivos. Passamos a operar de um ponto de vista reativo, e não racional ou proativo. A meditação nos permite abandonar a reação de lutar ou correr e confiar no córtex pré-frontal, mais tranquilo e racional. É essa região que controla o pensamento mais distanciado e a tomada de decisões práticas. Você foge do raciocínio limitado, que o mantém preso ao pânico, e entra na frequência de solução eficaz de problemas.

Precisa de outras provas de que a meditação afia suas habilidades para o sucesso? Eis algumas:

- Estudos demonstraram que desempenhar muitas tarefas ao mesmo tempo pode reduzir em até 40% sua eficiência. A meditação nos ensina a focar numa coisa só, o que automaticamente nos torna mais eficientes.

- Cada vez mais empresas estão incorporando meditação à sua cultura. Algumas das mais bem-sucedidas do mundo — entre elas Apple, Google, Nike, Procter & Gamble, General Mills, Aetna e Deutsche Bank — oferecem aulas de meditação aos funcionários. Algumas têm até salas exclusivas para a prática.

- A meditação se transforma em dinheiro. Estudos realizados pela eMindful, empresa que organiza programas on-line de atenção plena, mostraram que, num horizonte de cinco anos, as empresas constataram um retorno de dez dólares para cada dólar investido no programa. Tenha em mente, porém, que por si só a meditação não vai tornar você mais rico. Mas, sem sombra de dúvida, ela vai organizar o caos mental e deixar você mais aguçado, focado, criativo e produtivo. O resto é com você!

- Estudos provaram que a meditação pode melhorar as notas de estudantes em provas.

- Caso você seja do tipo criativo, a meditação vale mais que qualquer musa inspiradora. Você reconfigura o cérebro, de modo a se deslocar com mais facilidade da amígdala para o córtex pré-frontal, local em que a inspiração se transforma em ideias brilhantes e as ideias se transformam em ação. No nosso estúdio, recebemos tantos escritores e artistas que dizem ter tido suas melhores ideias enquanto meditavam conosco que comecei a brincar que deveríamos cobrar uma comissão!

A propósito, todos esses dados sobre sucesso não dizem respeito apenas a homens e mulheres de negócios. A meditação pode tornar *qualquer pessoa* mais bem-sucedida no que quer que faça. Atletas — os mais notórios são Kobe Bryant (basquete), Derek Jeter (beisebol) e o time de futebol americano do Seattle Seahawks que se sagrou campeão do Super Bowl — a praticam para turbinar o desempenho e o foco. Artistas, escritores e músicos dizem que ela permite que a criatividade flua melhor. Pais sobrecarregados descobrem que conseguem equilibrar de maneira mais eficiente as prioridades e ter melhores momentos com os filhos. Um de nossos alunos é coach e disse que a meditação lhe permitiu auxiliar os clientes de forma mais profunda. O valor da produtividade nem sempre é uma questão de dinheiro.

Se eu pudesse voltar no tempo e dizer uma única coisa a mim mesmo aos vinte anos, seria o seguinte: aprenda a meditar e a prestar atenção à sua respiração. Isso vai fazer

*toda a diferença. Depois de apenas um ano, mais ou me-
nos, gastando alguns minutos do dia para estar presente
e investir em mim mesmo, encontrei mais tranquilidade,
foco e eficiência em todos os aspectos da minha vida —
passo momentos mais vibrantes com a família, tenho mais
calma e objetividade no trabalho e ganhei uma confiança
mais forte e genuína em mim mesmo.*

CLINT, 40 ANOS,
PRESIDENTE DA MADISON WELLS MEDIA

SUA SAÚDE VAI MELHORAR

Eis o que sabemos:

O estresse nos faz adoecer. Já se estimou que até 95% de todas as doenças são causadas ou agravadas pelo estresse. Isso dói.

Está provado que a meditação reduz o estresse.

Conclusão: meditar todo dia só vai fazer bem a você!

Eis como você pode se tornar significativamente mais saudável através da meditação.

SUA IMUNIDADE AUMENTA

Lembra aquele estudo que Richard Davidson e Jon Kabat-Zinn realizaram com funcionários estressados de empresas de biotecnologia? Um grupo fez o Programa de Redução do Estresse Baseado na Meditação na Atenção Plena; o outro, não.

Os pesquisadores vacinaram os dois grupos contra a gripe e, ao final das oito semanas, descobriram que os que meditavam tinham produzido mais anticorpos. Mais anticorpos = menos gripe.

O ENVELHECIMENTO É RETARDADO

Esta é uma consequência que eu *amo*. Em 2009, Elizabeth Blackburn, em parceria com Carol Greider e Jack Szostak, ganhou o Prêmio Nobel de Medicina por seu trabalho relacionado com os telômeros, que são estruturas de proteção nas extremidades de nossos cromossomos (mais ou menos como as pontas de plástico dos cadarços). Quando nossas células se dividem, eles ficam mais curtos e frágeis — o que não é bom. Telômeros mais curtos estão associados ao envelhecimento e ao câncer. Mas, em 2012, Blackburn e cientistas da UCLA descobriram que meros trinta minutos diários de meditação durante oito semanas podem aumentar a atividade da telomerase (a "enzima da imortalidade", que repara os telômeros) em 43%. Em outras palavras, a meditação é capaz de reparar nosso DNA e retardar o processo de envelhecimento. Instigante, não?

SEU CORAÇÃO É PROTEGIDO

Recebemos muitas pessoas que nos são enviadas por recomendação médica. Por isso, para saber melhor por que a meditação faz bem ao coração, conversei com a dra. Tamara Beth Horwich, professora associada de medicina e cardiologia na UCLA, codiretora do Centro Cardiovascular Feminino dessa universidade e diretora médica do Programa de Reabilitação Cardíaca da UCLA. Eis o que ela contou:

Estamos aprendendo cada vez mais que o estresse é um dos principais fatores de risco para doenças cardíacas. Há poucos meses recebi uma paciente que parecia uma modelo. Ela era vegetariana, fazia caminhadas e pedalava, não tinha pressão alta nem colesterol alto. Parecia estar em ótima forma. No entanto, ela havia infartado, e, quando analisamos seu perfil, a única explicação que pudemos encontrar era que não sabia gerir o elevado nível de estresse.

Existem diversas evidências indicando que a meditação pode prevenir doenças cardíacas. Ela reduz a pressão arterial, a taxa de glicose no sangue e os hormônios do estresse — todos fatores de risco para doenças cardiovasculares. Na UCLA, dispomos de um programa intensivo de reabilitação cardíaca, e a meditação representa uma grande parcela dele. A meditação, em si e por si, ajuda a gerir o estresse, mas também ajuda as pessoas a adotar um estilo de vida saudável.

SUA PRESSÃO ARTERIAL PODE BAIXAR

Pesquisadores do Benson-Henry Institute for Mind Body Medicine, do Hospital-Geral de Massachusetts, concluíram que dois terços dos pesquisados que praticaram meditação tiveram queda na pressão arterial. Uma de nossas alunas ficou chocada ao constatar que sua pressão arterial — limítrofe durante toda a vida adulta, entre 13/9 e 15/10 — caiu drasticamente, para 11/8, sem nenhuma alteração nos hábitos a não ser trinta minutos diários de meditação de quatro a cinco vezes por semana!

Quando começamos a meditar, liberamos até 65% mais dopamina (o hormônio do bem-estar), assim como endorfina; juntas, elas ajudam a amortecer a dor. A professora de meditação Kristen Luman, hipnoterapeuta especializada no gerenciamento da dor, explica que também há uma questão mental no controle da dor: é possível provocar um clique no cérebro que nos permite controlá-la, em vez de sermos controlados por ela.

Alan, de 38 anos, chegou ao Unplug de muletas depois de ter sido diagnosticado com um transtorno neurológico para o qual não havia cura e que lhe causava dor no tornozelo. A notícia era ainda pior porque ele havia sido atleta e estava para se tornar pai. Por recomendação de um especialista, Alan iniciou um tratamento que incluía meditação diária. Em poucos meses sua vida praticamente tinha voltado ao normal. Eis como ele descreve sua experiência:

> Ao longo do meu processo de cura, percebi que a meditação me dava um alívio da dor constante. Mesmo que fosse um descanso de apenas dez minutos, era imensamente positivo, porque me permitia ver como seria voltar à normalidade. Pude usar isso como uma esperança de melhora. A meditação também me ajudou a lidar com o estresse que a dor causava, desviando meus pensamentos de "Meu Deus, o que vai ser da minha vida?". Meu médico disse que meu pessimismo só causava mais estresse, o que enviava mais sinais de dor para o corpo. A meditação me ajudou a romper esse ciclo e a enxergar que tudo ia ficar bem.

A TENSÃO É LIBERADA

Sabe aquela sensação incrível de quando você sai de uma sessão de massagem, de uma ótima aula de ioga ou de um treino bem-feito na academia, depois de sentir que botou para fora toda a tensão e o estresse? A meditação tem o mesmo efeito, então se prepara para economizar bastante no fim do mês! Vi isso acontecer centenas de vezes, com dores, males e outros sintomas provocados pelo estresse praticamente desaparecendo do corpo.

VOCÊ DORME MELHOR

É preciso reconhecer: quando não se dorme direito, nossa aparência fica péssima. Olheiras e confusão mental não são legais, mas a falta de sono também compromete sua imunidade (bem-vindos, gripes e resfriados!) e fazem você correr risco de desenvolver doenças que vão da depressão ao diabetes. Diversos estudos provaram que a meditação auxilia significativamente um sono melhor, e dezenas de conhecidos meus que sofriam de insônia atestam isso. Uma delas me disse que demorava até quatro horas para cair no sono, e hoje consegue cochilar em dez minutos. As palavras exatas de outra foram: "A meditação é como um remédio natural para dormir. Quando você medita, não precisa mais dessas coisas".

Certa manhã, acordei com dores no peito. Felizmente, não era um ataque cardíaco. O medo, porém, foi o mesmo, porque os sintomas eram parecidos. Era tudo fruto do estresse e da ansiedade constantes. Minha empresa de relações públicas estava fazendo sucesso, mas meu equilíbrio pessoal estava abalado. Foi um tremendo sinal de alerta. Dei-me conta de imediato de que era hora de fazer algumas mudanças. A meditação foi uma das coisas mais importantes que fiz por mim mesma naquela época, e me acompanha até hoje.

Graças à meditação, fiquei mais presente, serena e centrada. Ela me ajuda a não ficar me preocupando com o que vai acontecer ou remoendo questões do passado, já que sofro de transtorno de estresse pós-traumático. Por isso, é uma verdadeira bênção. Também passei a ter um sono mais profundo e reparador. Nunca pensei que fosse possível sentir tanta calma e clareza. Passei a notar os beija-flores, as borboletas, a brisa suave. Acho que saboreio essas coisas muito mais depois que adotei a prática da meditação.

LANA, 43 ANOS, DIRETORA DE RELAÇÕES PÚBLICAS

VOCÊ PRECISA DE CADA VEZ MENOS "COISAS" PARA PREENCHER SUA VIDA

A meditação nos permite ficar íntimos de nós mesmos e perceber genuinamente que tudo aquilo de que precisamos já está dentro de nós.

DANIELLE BEINSTEIN

Pouco tempo depois de me mudar para Los Angeles, fui a um evento da artista performática Marina Abramović no Museu de Arte Contemporânea. Um grupo de pessoas da equipe dela usava jalecos brancos e segurava xícaras de café furadas. Elas se misturavam com o público e entoavam o tempo todo: "O artista quer cada vez mais de cada vez menos".

Era exatamente o que eu precisava ouvir naquele momento. Percebi que eu mesma queria cada vez mais de cada vez menos. Para mim, foi uma epifania. Lembre que sou uma ex-editora de moda que passou anos e anos cercada de objetos. Um monte deles — quanto mais, melhor! Adorava fazer compras e queria tudo o que via. Sapatos, roupas e acessórios bonitos eram meu ponto fraco. Mas não era só isso. Eu era uma consumidora compulsiva absoluta. As grandes lojas de departamentos eram um campo minado repleto de coisas que nem eu mesma sabia que queria. Saía de casa com a intenção de ir à feira comprar legumes e voltava com velas de LED, meias térmicas e dezenas de outras besteiras aleatórias de que não precisava. Mas, de repente, ao ouvir aquela frase, eu me dei conta de que, quanto mais bugigangas empilhamos, menos clareza temos. Era hora de limpar a casa, por assim dizer, para adquirir mais clareza, mais elevação.

Vivemos numa sociedade que acredita que ter algo ou ir a algum lugar é o caminho para a felicidade. Até certo ponto sabemos que sapatos caros e mansões não vão nos trazer felicidade. Pode ser legal ter coisas, mas não é o que nos faz felizes. O que faz, então?

O que nos faz felizes é saber o que de fato traz felicidade e o que não traz. Esse é o segredo: conhecer a própria mente. Quando você vive no piloto automático, adquirindo e conquistando coisas, não para e se questiona se aquilo genuinamente preenche sua alma. Então continua apenas correndo atrás de outras coisas, sempre com a sensação de que algo está faltando.

Durante muito tempo, eu só comprava e comprava, e a sensação boa que isso me trazia desaparecia em questão de dias, às vezes horas. Hoje sei que o "mais" não é o objetivo, e sim o menos! É uma sensação maravilhosa se libertar do desejo vazio de posse. Consigo apreciar a beleza das coisas que vejo nas lojas, mas *não preciso possuí-las*. Não vou negar que ainda adoro fazer compras, mas, antes de adquirir qualquer coisa, avalio bem, não sou mais tão impulsiva. Comprar se tornou um prazer, não uma compulsão. Não preciso ter tudo, e desfruto muito mais das poucas coisas que decido comprar.

O que me faz feliz? O que é importante para mim? Quando você medita, é esse o tipo de pergunta que faz a si mesmo, e as respostas o conduzem a um sentido verdadeiro e à experiência da felicidade.

A meditação também o ajuda a se livrar daquilo que você *não* quer e de que *não* precisa para ser uma pessoa plena. Hábitos negativos e vícios ficam para trás. Não é um passe de mágica; é uma tomada de consciência. Laurie Cousins, professora do Unplug, é especializada em tratamentos contra vícios baseados na atenção plena. Segundo ela, "quando entramos no piloto automático, ficamos em nossa zona de conforto, mas isso não é necessariamente benéfico. Todos temos padrões mentais que nos levam ao comportamento impulsivo. Adotando a prática da meditação, você consegue observar dentro de si mesmo e perguntar: 'É isso que eu quero para mim a longo prazo?'".

Quando se está desperto, é possível dar uma pausa, desacelerar e fazer a si mesmo essa pergunta antes de beliscar, engolir ou consumir alguma coisa. Você presta atenção no que está fazendo em vez de se deixar levar pelo automatismo e se anestesiar com comida, bebida, jogo, compras ou qualquer outra coisa. Há uma boa razão para a meditação ser o 11º passo nos programas de reabilitação de doze passos.

E por falar em cada vez mais de cada vez menos: a meditação também é eficiente na perda de peso (agora você está interessado, não é?). A atenção plena também vale para a alimentação! Um estudo feito pelo Instituto Nacional de Saúde dos Estados Unidos com pessoas que comem compulsivamente mostrou que aqueles que empregaram métodos baseados na atenção plena reduziram de quatro para uma vez por semana os episódios de compulsão. Também relataram se sentir mais controlados perto de comida. A chance de pôr para dentro um saco inteiro de batatinhas diminui muito quando você está presente por inteiro naquilo que está fazendo. Como diz o mestre iogue Steve Ross — e ele é a pessoa mais disciplinada em termos alimentares que já conheci —, meditar faz com que toda compulsão simplesmente desapareça (uma pequena ressalva enquanto exalto as virtudes da meditação: ela *não vai* deixar seu bumbum mais alto, mais redondo ou mais bonito. Pode ser, porém, que o motive a levantá-lo da cadeira e fazer o que é preciso para que fique assim).

Cada vez mais de cada vez menos... Confie em mim, é extremamente libertador!

A meditação entrou na minha vida quando eu estava de luto pela morte da minha mãe e bem no comecinho da minha caminhada rumo à sobriedade. Fui uma alcoólatra renitente durante dez anos, sempre tentando apaziguar minhas ansiedades, encontrar subterfúgios e pacificar minha mente. A meditação me ensinou a conhecer quem sou, até o âmago. Me ajudou a superar a perda da minha mãe, assim como a aprender a permanecer plenamente presente no estado de sobriedade. Sem ela, não sei como minha cabeça estaria. Basta eu passar um instante em casa focada na minha respiração que o monólogo interno cessa, mesmo que seja por apenas um minuto. Não existe nada igual. Nem drogas nem a bebida me dão o que a meditação proporciona: uma calma, uma paz interior e um amor-próprio que eu não tinha antes.

KATIE, 29 ANOS, COMEDIANTE

SEUS RELACIONAMENTOS FICAM MELHORES, MAIS SÓLIDOS E MAIS FELIZES

Se você prestar atenção em todos os problemas do mundo, eles são o resultado de uma falta de controle emocional. Quando as pessoas não sabem lidar com as próprias emoções, perdem a capacidade de se comunicar e trabalhar juntas.

NATALIE BELL

Seus relacionamentos melhoram porque *você* melhora. Fica mais calmo, tem mais clareza, controla melhor suas reações. Também se torna mais paciente e mais tolerante com defeitos e idiossincrasias alheias à medida que sua compaixão aumenta. Uma das áreas do cérebro em que a neurocientista Sara Lazar constatou um aumento de volume em razão da meditação é a chamada junção temporoparietal, que está associada à empatia.

À medida que todas essas alterações positivas acontecem dentro de você, ocorre uma coisa fantástica: *as pessoas à sua volta retribuem*.

É uma ótima notícia para qualquer pessoa que esteja vivendo um relacionamento com alguém, mas há mais beneficiados além de seu cônjuge. O relacionamento com os filhos, os amigos e os colegas de trabalho também melhora. Com certeza sou uma mãe melhor desde que comecei a meditar. Meus filhos podem confirmar. Antes eu era ríspida com eles, raramente fazendo uma pausa para entender o que pensavam, por que passavam correndo pela esteira rolante da minha vida. A hora de aprontá-los para pegar o ônibus escolar era um pesadelo cotidiano para todos nós. Hoje percebo muito mais depressa quando estou prestes a me tornar a mamãe-monstro, o que me permite dar uma parada e "reiniciar". Peço para todo mundo fazer uma pausa antes de sair e afasto esse comportamento. Damos uma respirada, e isso transforma o dia de todos. Consigo perceber que reajo ao estresse deles porque fico estressada também, então dou um passo para trás e ajo de uma maneira melhor. Fico mais feliz assim, e eles também.

O único lado ruim é que, se pulo a meditação por um dia, minha família me recrimina. A verdade é que, quando não medito, percebo isso e sinto o resultado. Perco a paciência com mais facilidade, e meus filhos vão logo me alertando: "Mãe, você meditou hoje?". É incômodo, mas eles conseguem notar. Eu estaria mentindo se dissesse que medito todo santo dia. Nos dias em que deixo passar, me arrependo. Eu e as pessoas que amo... Essa é uma senhora motivação para não relaxar.

VOCÊ FICA MAIS BONITO

A meditação confere aquele tipo de brilho que faz as pessoas pararem e dizerem: "Quero isso para mim também".

LAUREN ECKSTROM

A meditação é o mais bem guardado segredo de beleza que existe.

Todos sabemos que o acessório mais bonito que se pode usar é o sorriso. Quando seu rosto está tenso, você fica com uma cara... nada bonita, digamos. Mas, com a prática constante da meditação, você fica naturalmente mais feliz e, com isso, naturalmente mais bonito! Além disso, preocupações constantes provocam rugas de expressão. O único creme ou loção antirrugas de que você precisa são alguns minutos de calma em silêncio todos os dias.

A meditação também deixa você mais sexy. Sim. De verdade. Não estou falando da sensualidade brega dos comerciais de lingerie. Estou falando de um eletromagnetismo potente. Você deve estar se perguntando como, e a verdade é que com a prática você descobre o segredo daquilo que é verdadeiramente sensual e daquilo que não é.

O estresse deixou de ser sexy. As pessoas dizem "Ah, minha vida é uma loucura" como se fosse uma coisa legal, mas o que elas não percebem é que isso, na verdade, corta o tesão por completo. Não ser capaz de vivenciar o momento presente por estar o tempo todo correndo atrás de alguma coisa é algo que ninguém quer.

Sabe o que *é* sexy? Estar presente.

Se você começar a pensar nas pessoas que conhece que

têm algo a mais — você sabe, aquele quê inconfundível que torna a pessoa irresistível —, vai notar que é a capacidade de estar plena e genuinamente envolvidas e presentes. Quando a pessoa está com você, ela *está* com você. Seu olhar não fica disperso, ela não fica olhando o celular; está 100% focada e envolvida, mesmo que seja apenas naquele minuto de contato. Isso é *carisma*, o ingrediente secreto das pessoas muito atraentes.

Existem, aliás, provas científicas disso. Ellen Langer, escritora, ph.D. e psicóloga de Harvard (considerada a mãe da atenção plena), realizou um estudo em que dois grupos diferentes de pessoas foram postos para vender revistas. Um dos grupos repetia um roteiro-padrão de vendas, decorado, e o outro conversava de maneira atenta com os possíveis clientes, personalizando o discurso caso a caso. No final, os clientes deram notas aos dois grupos e consideraram aqueles do grupo "atento" muito mais carismáticos e atraentes. Quando se está envolvido e presente, as pessoas percebem você como mais sincero — e, por conseguinte, mais atraente.

Caso você um dia tenha a oportunidade de fazer uma aula ou conhecer pessoalmente Steve Ross, vai entender do que estou falando. Ele é o cara mais *legal* do mundo (e não apenas por ter sido guitarrista do Fleetwood Mac). Todo mundo quer estar perto dele. Steve é simpático, agradável, engraçado e irradia tranquilidade. Nada o irrita. Mais do que isso, durante uma conversa, ele olha fundo na sua alma e lhe dá a impressão de que você é a única pessoa do universo. Ninguém deixa a companhia de Steve sem se sentir melhor.

E a verdade é que esta é a questão: como os outros se sentem depois de terem cruzado seu caminho? Quanto mais felicidade e paz você sente, mais transmite isso aos demais e mais receberá isso de volta deles.

VOCÊ TOMA DECISÕES MELHORES E MAIS RÁPIDAS

Quando recorremos à intuição, conseguimos desencavar aquilo que realmente queremos. Intuição é aquilo que sua alma lhe diz durante a meditação.

KRISTEN LUMAN

Quando anunciei pela primeira vez que estava deixando o mundo da moda e abrindo um estúdio de meditação, as pessoas acharam que eu havia enlouquecido. Disseram que ninguém pagaria para fazer uma coisa que poderia perfeitamente ser feita de graça em casa. Até alguns parentes duvidaram da minha decisão. Mas eu sabia, lá no fundo, que ia dar certo. Quando tem bastante certeza de algo, você *sabe*, simples assim. Não hesita nem vacila; de uma hora para outra, tomar uma decisão se torna fácil.

Na vida, é preciso tomar uma série de decisões, e ser capaz de *simplesmente fazer isso* em vez de passar pelo sofrimento da indecisão é uma bênção. Uma coisa que aprendi é que preciso ser justa e honesta comigo mesma. Tenho uma tendência natural a agradar as pessoas, o que no passado me fez dizer sim a um monte de coisas que eram boas para os outros, mas não tão boas para mim. Quer que eu pegue três horas de estrada para dar uma palestra numa conferência para apenas doze pessoas? Sem problema. Quer que eu repagine as adestradoras do Westminster Dog Show no banheiro do Madison Square Garden? É claro. Não importa que eu seja alérgica a cães. Se naquela época eu já meditasse, jamais teria aceitado esses convites!

Quem medita confia mais no próprio instinto, porque

consegue de fato ouvi-lo. Em geral, estamos tão ocupados fazendo coisas que é quase impossível desacelerar e sintonizar com o bom senso que existe dentro de nós. Quando achamos que não sabemos o que devemos ou queremos fazer, na verdade o problema é só que não conseguimos ouvir a resposta em meio a todo o ruído e toda a interferência.

A professora de meditação Heather Hayward tem uma bela maneira de colocar isso:

A meditação ajuda a assentar todas as vozes dentro da cabeça, permitindo escutar aquela que nos orienta com mais sensatez. Ela nos conecta com aquela voz interior baixa e tranquila, e é daí que todas as nossas decisões se originam. Não a partir das várias outras informações e interpretações, mas a partir da sensação visceral do que devemos fazer. Quando você começa a ouvir de verdade e sentir os sinais do seu corpo, é capaz de identificar "Sinto ou não sinto que isso é o certo". Quando aprender quais vozes deve escutar, não vai mais desperdiçar tempo nem energia passando por todas as etapas da indecisão.

Hoje, antes de dizer sim para qualquer coisa, escuto a mim mesma, para sentir aquilo que é o certo para mim. Quando meu instinto diz não, digo não — e isso é libertador! Agora sei que meu tempo é valioso e importante. Por isso, eu o gasto de maneira sensata e tomo decisões sábias. Não perco mais o dia inteiro com uma lista interminável de tarefas. É um processo que me permite distinguir o que quero e o que não quero fazer, em vez de ser reativa e dizer sim para tudo de maneira automática.

E por falar naquilo que você descobre quando escuta a si mesmo...

Antes de começar a meditar, eu era uma pessoa bastante indecisa e me faltava clareza na maioria dos aspectos da minha vida, mas desde que incorporei a prática, felizmente, isso mudou. Ela me permitiu responder a perguntas e tomar decisões me sentindo calma e relaxada. Quando minha mente está em silêncio e o foco está na respiração, tenho uma sensação inexplicável de clareza e tranquilidade, e isso me ajudou a criar coisas poderosas na minha vida.

TANAZ, 31 ANOS, COACH DE VIDA PESSOAL

VOCÊ PODE ENCONTRAR UM PROPÓSITO NA VIDA

Quando você está preso às reações de lutar/correr, seu corpo libera substâncias químicas que estreitam sua visão periférica. A meditação relaxa você de modo a expandir sua visão — ela literalmente expande seus horizontes.

LENA GEORGE

A meditação pode proporcionar momentos de imensa clareza. Ideias e pensamentos que você nem sabia ter podem brotar. Grandes descobertas e epifanias acontecem. Você tem revelações que, na terapia, só surgem depois de muito falar. A diferença na meditação é que não é preciso pronunciar uma só palavra. Em geral, não conseguimos escutar essas importantes mensagens para nós mesmos, de tão ocupados que estamos fazendo coisas e pensando, em vez de simplesmente ser (inclusive esta que vos fala — *nem sem-*

pre desacelero o suficiente para escutar: é por isso que falamos em "prática").

Quando você fica parado e em silêncio, consegue encontrar seu propósito na vida. Enxerga as coisas de maneira diferente, porque se desliga de seus pensamentos costumeiros e se conecta à sua intuição. Perdi a conta de quantas pessoas vieram até mim no estúdio para contar que passaram por grandes transformações na vida graças à meditação. Alguns largaram o emprego para ir atrás da verdadeira paixão. Alguns se deram conta de que era hora de terminar relacionamentos complicados que os faziam infelizes. Outros tiveram um enorme despertar criativo. Houve uma pessoa que publicou cinco livros de fotos de arquitetura, um plano que nutria havia vários anos. Outra escreveu o roteiro de um programa de TV de sucesso com base numa ideia que lhe veio à mente enquanto meditava.

Há algo na meditação que abre possibilidades e caminhos que talvez não tivesse imaginado antes, mas que fazem todo o sentido para você.

O professor de meditação Johnny O'Callaghan tem uma incrível história a respeito de como a meditação o levou a escutar uma mensagem que mudaria sua vida. Johnny era um ator promissor quando um amigo o convidou para uma viagem à África. Alguma coisa dentro dele dizia que deveria ir — muito embora seu empresário tivesse dito que teria que desistir de uma vaga no piloto de uma nova série de TV. Johnny seguiu sua intuição e viajou. Lá, conheceu um pequeno órfão chamado Odin. Quando o pegou no colo, ele imediatamente ouviu, para sua total surpresa, uma voz interior dizendo: "Este é seu filho". Nem preciso dizer que hoje, treze anos depois, Johnny é um pai feliz e muito dedicado.

Ram Dass disse certa vez: "Quanto mais em silêncio você fica, mais consegue escutar". Essa frase resume muito bem o que a meditação representa. Ela nos permite sintonizar e ouvir nosso próprio interior. Descobrimos aquilo que devemos fazer quando paramos de fazer aquilo que nos deixa tão ocupados e simplesmente ouvimos. Ninguém quer acordar daqui a trinta anos e se dar conta de que passou a vida inteira seguindo o caminho errado! Meditar é como despertar seu líder interior, que direciona você para aquilo que vai torná-lo de fato feliz e realizado.

Como disse Mark Twain: "Os dois dias mais importantes na vida de uma pessoa são o dia em que ela nasce e o dia em que ela descobre por quê".

Sou uma ex-diretora de empresa que virou mãe e dona de casa — escolha que fiz como resultado da meditação. A prática me deu clareza a respeito da minha verdade interior e daquilo que não estava dando certo ao me ajudar a lidar com o estresse e a reavaliar minha carreira, meu futuro e minhas vontades de uma maneira contemplativa, mais do que reativa. Também me proporcionou a coragem para largar meu emprego sem passar imediatamente para outro e a confiança para usar quanto tempo fosse necessário para dar o passo mais adequado, enquanto assumo minha condição de mãe e me concentro nela. Além disso, transformou esse "espaço intermediário" num lugar confortável.

JENNIFER, 47 ANOS

VOCÊ SE SENTE VIVO!

Eu enxergo as coisas assim: você pode continuar levando a vida do mesmo jeito, correndo por aí atrás das coisas (já passei por isso!), ou pode trocar de canal e passar para a transmissão "ao vivo". Essa era a parte de que eu mais gostava quando aparecia na TV: você está NO AR. Está vivendo o momento, e tudo aquilo que diz é importante, porque está sendo ouvido por milhões de pessoas. É assim que a meditação faz você se sentir quando não está meditando. Só que o que você está vivendo em tempo real é o momento presente, sua vida sem roteiro prévio. Pouco importa se está fazendo crochê ou esquiando montanha abaixo: a experiência será muito melhor e mais gratificante se você estiver presente.

Steve Ross costuma dizer que algumas pessoas precisam arriscar a vida para poder senti-la, mas ele consegue chegar ao mesmo resultado simplesmente meditando. Steve não precisa pular de um avião para sentir a vida em sua plenitude. E, a partir de agora, nem você.

DESLIGUE E RECARREGUE

Você já está se sentindo inspirado a meditar? Espero que sim, pois vai adorar!

Nesta seção vou lhe apresentar tudo o que precisa saber em relação à logística da meditação: como, quando e onde sentar, como criar as condições para dar certo, o que "fazer" com os pensamentos que surgirem e como superar algumas das dificuldades mais frequentes. Também vou dar várias dicas de especialistas e praticantes de meditação para diminuir as expectativas e acabar com os julgamentos. Lembre: não existe uma fórmula para ser um "bom praticante", tampouco existem maus praticantes. Meditar é sempre bom!

Senta aí: a prática

Já passamos pelo "o quê", pelo "porquê" e pelo "quem" da meditação, explicando:

O que é a meditação (do pensar ao ser)

Por que ela faz bem (você fica mais calmo, focado, saudável, feliz etc.)

Quem pode meditar (todo mundo, inclusive você)

Com mais algumas respostas — quando, onde e como — você estará pronto para desligar e recarregar...

QUANDO MEDITAR

A melhor hora do dia para meditar é de manhã, logo ao acordar. É um conselho não apenas meu — existem evidências científicas disso. O cérebro tem ritmos diferentes: quando despertamos, está no estado de ondas teta, momento em que é mais fácil influenciá-lo e reconfigurá-lo. Isso também acontece logo antes de adormecer, de modo que esse é outro bom horário para meditar.

Mas existe outro excelente motivo para meditar pela manhã: porque você já deixa isso FEITO! É a maneira mais fácil de garantir que vai meditar todos os dias. Você acorda e medita antes de qualquer coisa, e logo isso se torna um ritual. Desse modo, não há chance de que a meditação fique de lado por conta do caos habitual da vida cotidiana.

Depois de muitas horas de pesquisa e ainda mais horas de meditação, descobri o segredo dos iniciados para conseguir meditar todas as manhãs. Pronto para saber? Aqui está:

1. Primeiro passo: acorde

2. Segundo passo: medite

Basicamente, é isso. Se você não estiver fazendo um curso de meditação e, em especial, se "não tiver tempo", este é um método infalível.

Meditar de manhã permite que você passe o dia mais calmo, mais focado, mais produtivo e simplesmente mais gentil consigo mesmo e com os outros. Você vai se dar conta disso, assim como todos à sua volta. Com alguns minutos de paz e silêncio pela manhã, você se prepara para um dia de êxito, estabelecendo a intenção de estar presente. Se iniciar sua manhã com objetivo e propósito, vai enfrentar o dia da forma que você deseja, em vez de ser apenas reativo diante de cada coisinha que acontece.

Apesar de tudo o que eu disse, a hora em que você medita não importa, desde que funcione para você e sua vida. Alguns de nossos alunos são mães e donas de casa que gostam de meditar depois da correria diária para aprontar os filhos para a escola. Recebemos roteiristas que trabalham em casa e fazem uma pausa ao meio-dia para meditar (muitos deles também fazem sessões quando têm um bloqueio criativo). Funcionários de escritório me disseram que meditam assim que chegam em casa, no final do dia, logo depois de vestir algo mais confortável. Outros dão uma passada no nosso estúdio na hora do almoço, encaixando na rotina uma aula de trinta minutos.

Fazer meditação com hora marcada de fato ajuda, assim como marcar hora para qualquer coisa e torná-la parte da sua rotina. Com o passar do tempo, à medida que o hábito se torna mais arraigado, você pode testar maneiras mais variadas de encaixar a meditação em sua vida. Mas, quando estiver começando, escolha um horário fixo e o respeite. Com dedicação. Sem pular um dia e sem pensar se hoje você está a fim ou não. Haverá dias em que a última coisa que você terá vontade de fazer será ficar ali sentado. Mas lembre que você não está fazendo aquilo por causa do que acontece quando está sentado, e sim pelos resultados que a prática produz em sua vida. Por isso, simplesmente faça. Como diz a professora de meditação Heather Hayward: "Você não precisa decidir se quer fazer ou não. Só tem que aparecer e sentar. É um compromisso, não uma decisão. As decisões é que acabam enlouquecendo a gente".

Nas primeiras semanas, pode parecer um saco. A sensação pode ser de certo incômodo, frustração ou simples tédio, principalmente quando parece que "não está dando certo". Mesmo assim, persista (e veja na p. 104 dicas de como lidar com essas dificuldades), porque, quando você decide se comprometer totalmente, constata mudanças efetivas, e de uma hora para outra passa a ter vontade. Encontrar tempo para meditar deixa de ser uma luta, porque você vai *querer*. Dessa forma, a prática fica entranhada em sua rotina básica, assim como escovar os dentes.

Lembre: você não precisa ficar sentado por longos períodos para colher os benefícios. Apenas escolha a quantidade de tempo com que acredita ser capaz de se comprometer, sem preguiça ou desânimo — ainda que no começo sejam apenas cinco minutos. Camilla Sacre-Dallerup, professora do Unplug, diz (com seu sotaque britânico absolutamente encantador): "É preciso que a meditação seja um pequeno presente que você dá a si mesmo, e não algo forçado". Meu conselho é começar com cinco a dez minutos diários, depois ir aumentando alguns minutos todos os dias, até chegar a quinze. (Descobri ser esse meu "número mágico" quando medito sozinha, e 45 quando medito em grupo. O seu pode ser um pouco mais ou um pouco menos. Experimente e você saberá.) Pôr o alarme para tocar ajuda muito, mesmo que você seja daquelas pessoas que têm um relógio biológico superpreciso; assim, sua mente pode relaxar por completo, sem precisar se preocupar com o tempo.

Já disse antes, mas vou repetir, porque é importante: você não vai achar tempo para meditar em sua agenda apertada. Você tem que *criá-lo*. É o único jeito. Todo mundo é capaz de liberar dez minutinhos para fazer algo que considera importante — até mesmo você. Quinze minutos: é metade de um seriado de TV ou de uma pausa para bate-papo no trabalho, uma passada de olhos no Facebook, no Instagram ou no seu site favorito. Nenhuma dessas coisas fará qualquer diferença em sua vida, mas quinze minutos diários em cima de uma almofada podem mudar tudo.

ONDE MEDITAR

Em qualquer lugar.

Não acho que exista um lugar perfeito para meditar. Onde quer que você consiga entrar em contato com você mesmo, pode fazê-lo. Há quem tenha um lugar especial, e estou certa de que há cenários ideais, mas, para ser franca, fiz algumas de minhas melhores meditações dentro do carro, no estacionamento do supermercado. Um local bonito e sereno pode ser idílico, mas, sinceramente, quando você fecha os olhos, não importa onde está.

Como quase em tudo o que diz respeito à meditação, é você quem precisa encontrar o local que funciona melhor. O único requisito básico é um lugar que seja relativamente silencioso e onde não seja incomodado. É melhor escolher um que não associe a estresse. Sua sala de trabalho, por exemplo, não é a melhor opção — mesmo que tenha como trancar a porta e desligar o telefone, é bastante difícil se desligar de tudo em pleno epicentro daquilo que ocupa você.

Também é melhor que o local seja seguro. Tem gente que adora meditar em meio à natureza, como um de nossos alunos, que gosta de fazer isso na praia, ao nascer do sol. Embora adore praia, não me sinto totalmente em paz com os olhos fechados e minha bolsa à mostra (sou de Nova York). Ninguém deve ter que se preocupar com um assalto enquanto medita. Por isso, se estiver em um local público, ele precisa ser seguro.

A maior surpresa na prática da meditação é a possibilidade de fazê-la em qualquer lugar, em qualquer horário.

Simplesmente fechar meus olhos, respirar e conectar é
MARAVILHOSO!

LAUREN, 50 ANOS, ADVOGADA

COMO SENTAR

Existem mais conselhos por aí quanto à mecânica de se sentar para meditar do que se pode imaginar. De pernas cruzadas, na posição de lótus, imóvel, com as mãos no colo em posição simbólica para focar a mente, com a coluna ereta para a energia do seu corpo fluir mais livremente... Tudo isso é fascinante, mas não precisa ser complicado para ser eficaz! E, definitivamente, não é preciso seguir instruções muito rigorosas. Temos de superar a ideia de que precisamos sentar numa posição rígida, obrigatória, porque nem todos conseguem fazer isso.

Eis as regras essenciais para se sentar para meditar, que o ajudarão a encontrar aquilo que funciona melhor para você:

- **Sente em um lugar confortável.** Pegue leve consigo mesmo! Você pode usar uma almofada tradicional de meditação. Chamada de "zabuton", ela é plana e regular, e tem um travesseiro redondo chamado "zafu" em cima dela. É ótima para alinhar a coluna. Você também pode usar um sofá, uma cadeira ou uma colcha dobrada. Há quem goste de usar bancos, mas acho menos confortável.

- **Cruze as pernas...** ou não cruze. Tem gente que gosta de sentar de pernas cruzadas numa almofada, tem gente que gosta de sentar na cama com as pernas estendidas à frente, tem gente que gosta de sentar ereto numa cadeira, com os pés no chão. Escolha o que for mais natural para você.

- **Repouse as mãos sobre as pernas...** ou não. Tem gente que gosta de sentar com as palmas das mãos no colo, voltadas para cima, por causa da sensação de abertura e receptividade; tem gente que gosta de virar as palmas das mãos para baixo, em busca de experiência mais interior. Há quem diga que se deve juntar o polegar e o indicador, num *mudra* clássico (você pode formar um círculo com o polegar e o indicador e repousar as mãos sobre as coxas, com as palmas viradas para cima), que pode reforçar a percepção. Acredito em tudo isso. No entanto, ponho minhas mãos onde bem entendo, em geral cruzadas sobre as pernas. É provável que não seja correto do ponto de vista técnico, mas não sinto nenhum impacto negativo por conta disso. Sugiro tentar qualquer uma dessas posições ou a que quiser, desde que suas mãos estejam em repouso.

- **Deite.** Sentar ereto é ótimo, porque sua coluna fica alinhada, mas às vezes gosto de deitar para meditar. Quero me sentir confortável quando medito, sem me preocupar se sinto incômodo na lombar ou se meu pé está ficando dormente. O único problema de deitar, obviamente, é que você pode cair no sono. Embora estar relaxado seja ótimo, você quer estar alerta e presente. Quem está dormindo não está meditando. Por isso, caso tenha tendência a cochilar, sente. Até nessa posição é possível pegar no sono, mas nesse caso o pescoço cai e você desperta. Ainda acontece comigo, o tempo todo!

Qualquer que seja a postura escolhida, procure se manter confortável e se ajeite de modo a poder permanecer relativamente imóvel. Certa vez, Davidji me contou uma história de quando esteve em um mosteiro zen, onde, caso você fizesse o menor movimento, tinha que erguer a mão para que um monge batesse nela com um bastão. Ele decidiu abandonar o zen quando percebeu que tinha passado a mentir para seu mestre para não apanhar. Podem ficar tranquilos: não fazemos isso no Unplug! Se mexer ou se ajeitar, quando necessário, não tem absolutamente nenhum problema. Só esteja ciente de que, quanto menos você se mexer depois que fechar os olhos, menos vai se distrair.

Por isso, é útil perder um minutinho antes de começar e dar uma geral da cabeça aos pés para se certificar de que não há nada que chame a atenção e possa distrair você. Na posição escolhida, o tornozelo incomoda? Mude agora. O nariz está coçando? Coce. A calça está muito apertada? Desabotoe. Ninguém vai ver.

Por fim, gostaria de compartilhar com vocês uma ótima sacada da professora Megan Monahan em relação a essa coisa de "sentar imóvel", caso você receie que isso possa virar um problema.

Na verdade, não é tanto uma questão de conseguir se sentar imóvel fisicamente. Embora haja pessoas cuja energia é bastante alta, muitas vezes o que causa dificuldade é quando temos muitos pensamentos agitados, o que torna mentalmente desconfortável sentar sem se mexer. Mas, à medida que se persiste na meditação, é criado um espaçamento maior entre os pensamentos, o que faz essa agitação começar a desacelerar naturalmente. Grande parte da turbulência é provocada pela liberação de estresse armazenado, que está dentro do seu corpo ou da sua mente. Caso no começo você fique se mexendo o tempo todo, pode ser porque seu corpo ou sua alma estejam liberando estresse ou toxicidade emocional. No começo, talvez seja desconfortável, mas nem sempre será assim! Persista, que vai ficar mais fácil.

Fizemos um apanhado básico. Em seguida, daremos dicas testadas e aprovadas para se preparar para uma boa sessão, e então você estará pronto para iniciar sua jornada pela meditação.

Facilite as coisas

Meditar é fácil — e queremos que continue assim! Eis algumas dicas para sentar e meditar sem estresse.

- **A hora certa.** Escolha um momento em que não vão interromper você. Logo depois de pedir comida chinesa, por exemplo, não é a hora ideal. Certifique-se de que não haja nenhuma necessidade premente a atender antes de sentar (ir ao banheiro, dar uma olhada nos filhos, passar no correio antes que feche etc.).

- **Ponha o celular no silencioso.** As únicas vibrações desejáveis, ao meditar, são as boas vibrações. Por isso, tire o som do aparelho! Como disse certa vez uma de nossas alunas ao terminar uma meditação e conferir o telefone: "Eu me dei conta de que ninguém morreu e o mundo não acabou enquanto estava desligada". Prometo que todas as mensagens, os e-mails e os posts estarão lá, à sua espera, quando tiver terminado.

- **Crie um ritual.** Fazer as mesmas coisas toda vez que você for começar sua sessão sinaliza para o cérebro que *está na hora de meditar*. Não, não é um conselho inventado: tem base científica. Um ritual pode ser sentar sempre na mesma cadeira ou no mesmo lugar, se enrolar no lençol ou cobertor favorito ou acender uma vela. Gosto de pingar uma gota de óleo essencial de laranja na palma de uma mão e esfregá-las na outra para espalhar bem, depois sentir o aroma. É uma virada instantânea, fico pronta para começar! Steve Ross me iniciou em outro ritual para ficar centrada que gosto de empregar de vez em quando: ponha o polegar no espaço entre as sobrancelhas, logo acima do nariz. Feche os olhos e concentre sua atenção nesse ponto. Isso acalma o ruído em minha mente e me traz para o momento presente. Simplesmente funciona comigo.

- **Dê uma esvaziada no cérebro antes de começar.** Aprendi este truque no *Guia prático para a criatividade*, de Julia Cameron. Pegue uma folha de papel e anote tudo aquilo que você precisa fazer e tudo o que estiver na sua cabeça. Então, ponha essa folha de lado e sente para meditar. Dessa forma, não terá receio de estar esquecendo alguma coisa. Além disso, uma vez terminada a meditação, estará mais preparado para lidar com aquilo que estiver na lista.

- **Tranque no armário.** Uma técnica parecida com o esvaziamento do cérebro é a "visualização do vestiário", de Camilla Sacre-Dallerup. Ela foi dançarina de salão profissional a vida toda e atuou durante seis anos na versão britânica da *Dança dos Famosos*. Tendo sido treinada por alguns dos melhores preparadores físicos do mundo, Camilla aprendeu esta técnica para deixar tudo de lado e se concentrar plenamente no momento presente durante suas apresentações. Funciona assim: feche os olhos e imagine que está entrando em um vestiário. Escolha um armário e jogue nele todas as suas preocupações e pendências — tudinho. Leve o tempo que for necessário. Quando terminar, imagine que está trancando a porta e saindo para um local seguro e vazio. Ficou tudo lá, em segurança, para você ir buscar depois, na hora que bem entender.

- **Arrume um parceiro de meditação.** Ter alguém a quem prestar contas é um segredo testado e aprovado para o sucesso. Fiz isso com uma amiga, a quem contei muita coisa sobre a meditação, mas que *não meditava* (Davidji costuma brincar que, quanto mais inteligente uma pessoa é, mais ela se convence de que para obter os benefícios da meditação basta compreender como funciona). Todo dia eu mandava uma mensagem dizendo "meditação feita", e às vezes contava uma ou outra coisa que vivenciava durante a sessão. Isso a mantinha atualizada — até porque tínhamos um pacto juramentado de nunca mentir!

E SE...?

Como tudo o que vale a pena, a meditação pode acarretar alguns problemas. Eis algumas das questões mais comuns que surgem com a prática e quais medidas tomar a respeito. E se...

... seu cérebro não sossegar?
Ver "O que 'fazer' com os pensamentos" (p. 114).

... as pernas ficarem dormentes?

Nesse caso, há duas alternativas. Você pode mudar de posição ou ignorar. O que não se deve é fazer drama por isso. Não é nada demais, e *não* quer dizer que você não nasceu para meditar! Se acontecer o tempo todo e estiver incomodando, tente fazer os seguintes ajustes ao sentar. Em geral, ajuda:

1. Sente sobre uma almofada de rolinho para cruzar as pernas, de modo que os quadris fiquem ligeiramente mais altos.

2. Sente em uma cadeira, com as pernas naturalmente inclinadas e os pés apoiados no chão.

3. Deite em vez de sentar. Sei que sempre digo isso, mas é a pura verdade: o que importa é o que dá certo *para você*.

... os ruídos à sua volta distraem você?

Nosso estúdio fica no térreo, em plena Wilshire Boulevard, uma das avenidas mais movimentadas de Los Angeles, de modo que acabou virando a metáfora ideal para tudo o que acontece na meditação. No começo, eu ficava muito preocupada com o que estava acontecendo na sala e nos arredores. Queria criar a experiência meditativa perfeita para os alunos (e para mim mesma): tranquila, serena e silenciosa. Não surpreende que não tenha dado certo. Eu me irritava quando buzinavam na rua; o tilintar de pulseiras encostando no chão me incomodava, assim como alguém tossindo, se mexendo ou roncando.

À medida que a prática foi se apoderando de mim, parei de me importar tanto. Não com a qualidade da experiência dos alunos, mas com a vontade de protegê-los de qualquer distração. Buzinaram? Hummm. Certo. Volte a respirar. Tossiram? Está bem. Eu percebia o pensamento — "Coitada, tomara que não esteja doente" — e voltava à respiração. Acabei me dando conta de que essas distrações não estragavam a prática — eram parte dela! O legal é que você *quer* deixar os sons chegarem a você, porque a meditação é isso: não se esconder das distrações, dos pensamentos ou das sensações, mas deixar que penetrem e logo em seguida passem.

Não existe experiência de meditação perfeita, interior ou exterior. A "experiência perfeita" é aquela em que você aceita de maneira plena as coisas, exatamente como são. Não há como controlar os sons à sua volta, da mesma forma que não se pode reprimir um pensamento. A única coisa que você pode controlar é sua própria conexão com sua respiração ou seu mantra, e sua reação a esses sons. Tendo compreendido como o cérebro funciona, você percebe que a experiência exterior não é nada e que a experiência interior é tudo — e isso se torna uma aventura.

Talvez você tenha que esperar um pouco até que os ruídos ou outras distrações não o enlouqueçam. Em pouco tempo, será capaz de perceber que, quando um som incomoda você, é só voltar a respirar e deixar que passe, da mesma forma que deixa passar seu monólogo interior e as distrações interiores. Em geral, começamos lutando contra as distrações exteriores (os sons etc.) e depois passamos às interiores (pensamentos e sensações do corpo). A jornada começa quando você aceita a existência de todas. Quanto mais fizer isso, mais profunda sua experiência vai se tornar.

... você cair no sono?

Acontece o tempo todo. Não há nada a fazer além de aproveitar a boa cochilada e tentar de novo. Se aconteceu quando estava deitado, aconselho sentar da próxima vez, porque, se pegar no sono nessa posição, sua cabeça vai cair e você vai acordar.

... ainda estiver muito, muito difícil?

Isso quer dizer que você já tentou todos os truques e dicas que passei e ainda assim continua sofrendo. Primeiro, adote uma das atitudes básicas da atenção plena: paciência! Para dicas específicas de como ter paciência com o processo e consigo mesmo, veja a p. 120.

Também pode ser que o estilo de meditação que você tentou não lhe convenha. (Não, não estou dizendo que a *meditação* não lhe convém... Só que o *estilo* que você tentou pode não ser o ideal para você. Lembre: existem tantas formas de meditar quanto de fazer um ovo!) Se algum tipo de meditação que você praticar lhe parecer uma tortura, experimente outro! Do contrário, será contraproducente e só vai gerar mais estresse.

Caso você esteja usando apenas a respiração, tente incluir um mantra. Se estiver usando um mantra, tente incluir um objeto, segurando uma pedra, fitando a chama de uma vela ou contemplando uma flor. Você também pode experimentar a meditação guiada. Veja "Outras maneiras de meditar" (p. 147) para mais informações a respeito de todos esses estilos. Existe um caminho para todo mundo — pode ser apenas que você tenha que experimentar um pouco até encontrar o seu.

A fórmula simples da meditação direta

Certo, então você está confortavelmente sentado.

E agora?

O ato de meditar se resume a seis passos:

1. Foque num único ponto (a respiração, um mantra, um som, um objeto).

2. Deixe o foco passar (isso acontece consciente ou inconscientemente).

3. Fique à deriva pelo intervalo de paz e vazio que surge (mesmo que por apenas uma fração de segundo).

4. Perceba que seus pensamentos voltam a se infiltrar.

5. Traga sua atenção de volta para o foco.

6. Repita.

Literalmente, é só isso. É a fórmula mais simples, que pode mudar sua vida para melhor de diferentes maneiras.

Você pode fazer mil aulas de todos os tipos de meditação, mas também vai acabar concluindo que não há nada além da fórmula citada.

Vou desdobrar cada um desses passos para que você possa vê-los em ação.

PASSO 1: FOQUE NUM ÚNICO PONTO

Caso você esteja usando sua respiração — o método mais fácil, porque você não precisa de nada além daquilo que já faz todos os dias, a todo instante —, simplesmente a sinta fluir, entrando e saindo pelo nariz. Não a conte nem tente controlá-la, apenas perceba cada inalação e exalação.

Caso queira usar um mantra, repita-o para si mesmo no mesmo ritmo da respiração. Quem tem um mantra pessoal pode usá-lo, ou escolha um dos clássicos a seguir:

Ah hum (*ah* ao inspirar, *hummm* ao expirar)

So hum (*so* ao inspirar, *hummm* ao expirar)

Eu sou (*eu* ao inspirar, *sooou* ao expirar)

Omm (*ooo* ao inspirar, *mmm* ao expirar)

Ram (*raaa* ao inspirar, *mmm* ao expirar)

A maioria dos mantras são palavras sem significado, mas os sons não são arbitrários. Mallika Chopra, escritora, professora e meditadora experiente (aprendeu aos nove anos com o pai, Deepak Chopra), é praticante do som primordial há mais de vinte anos. Ela explica que os sons vibracionais têm uma característica curativa, e é por isso que tantas tradições usam os mantras.

Também se pode fazer aquilo que a professora de meditação Laura Conley chama de IOM: inventar o mantra. Adoro criar e colecionar mantras pessoais, porque eles me permitem usar aquilo que quero incutir no cérebro. Hoje, tenho mais mantras do que sapatos! Para inventar um mantra, comece perguntando a si mesmo: "Como quero me sentir agora?". Qualquer que seja a resposta, será seu mantra. Pode ser "calmo", por exemplo. Então, feche os olhos e inspire e expire três vezes, lenta e longamente. Na inspiração seguinte, diga "Eu sou" e, ao expirar, diga "calmo". Funciona desta forma:

Inspiração: *Eu sou*
Expiração: *calmo*

Isso é tudo. Repita o mantra até perceber que você divagou; então, retorne a ele e comece de novo. Essa é a fórmula simples da meditação direta, só que usando um mantra pessoal.

Há outros focos que você pode usar, como objetos, sons e até gostos. Usar objetos na meditação é uma questão de direcionar integralmente sua atenção por intermédio dos sentidos. A ideia é focar no objeto e ficar presente por completo com ele. Digamos que você esteja observando uma flor. *Veja-a* verdadeiramente. Tente perceber cada detalhe. Ou digamos que você esteja segurando uma pedra. *Sinta-a* de verdade, explorando o peso e a textura em suas mãos. O mesmo vale para aromas, sons ou até sabores. Sugiro começar com algo que esteja olhando ou segurando, passando depois para aromas e gostos. Você vai se espantar, à medida que aumenta sua percepção de tudo, ao perceber como é incrível o sabor de uma simples uva! Falarei mais a respeito de meditações com sabores, aromas e sons nas pp. 124, 149 e 153.

PASSO 2: DEIXE O FOCO PASSAR

Isso é menos uma coisa que se *faz* e mais uma coisa que simplesmente acontece. Mesmo que você tenha tentado manter seu foco, com muita intensidade, na respiração, no mantra ou em um objeto, o cérebro não deixa. Por fim, a atenção se dispersa e os pensamentos começam a surgir.

Então vem a fração de segundo mais importante de toda a sua prática...

PASSO 3: FIQUE À DERIVA NO INTERVALO QUE SURGE

À medida que praticar, você começará a perceber que um minúsculo espaço se abre no momento em que deixa seu foco passar e os pensamentos reaparecem. Mesmo que seja por uma fração de segundo, você chega a esse intervalo de vazio e êxtase. Na verdade, é uma percepção completa do momento presente, tal como ele é. Essa, meus amigos, é a experiência pura de estar integralmente no momento presente. É isso que chamamos de "não mente" ou "ponto ideal".

Você fica nesse intervalo durante o tempo que puder, até que...

PASSO 4: PERCEBA QUE OS PENSAMENTOS VOLTARAM A SE INFILTRAR

No momento em que se dá conta de que voltou para a terra dos pensamentos, você acordou. Bem-vindo de volta!

Sim, pode ter ficado à deriva, mas de repente vem a *percepção* disso, e essa é a chave. O escritor Eckhart Tolle diz: "No momento em que você se dá conta de que não está presente, você está presente". Perceber nossos pensamentos nos permite dar um passo atrás e voltar ao lugar de observador, em vez de nos deixar levar pela correnteza interminável de nosso monólogo interior.

Não é preciso fazer nada com os pensamentos além de percebê-los, reconhecê-los e deixá-los existir. Você não tem que tentar afastá-los; apenas contemple-os como são. Isso tem um valor enorme, porque é possível ver aquilo que sua mente realiza com naturalidade, para onde vai automaticamente, como seu cérebro funciona. Na verdade, é muito bacana começar a entender como o cérebro funciona. A magia, aqui, é que você passa a ter a *percepção* dos pensamentos, não ficando, assim, entretido com sua reação a eles.

Então, para deixar os pensamentos passarem e voltar a centrar, simplesmente...

PASSO 5: FOQUE DE NOVO

Retorne à sua respiração, ao seu mantra ou ao seu objeto, da mesma forma que fez no passo 1. É isso. Simplesmente volte sua atenção ao foco.

Porém — e este é um grande porém —, faça isso de maneira suave. Em outras palavras: não se julgue. Abandonar os juízos e expectativas talvez seja a parte mais dura da meditação. Não se penitencie por divagar nem se sinta derrotado por ter feito errado ou por "não conseguir meditar". Se estiver respirando, focando, percebendo seus pensamentos e focando de novo, está meditando.

E, agora, com o foco de sua atenção de volta a seu ponto único...

PASSO 6: REPITA

Faça tudo de novo.

Foque, deixe passar, fique à deriva, perceba, foque de novo, repita. É tudo o que há para ser feito, de novo, de novo e de novo. Esse é o descomplicado ato de meditar. Eu sei, provavelmente você gostaria de que a coisa fosse mais espetacular ou empolgante, mas isso é tudo.

Eis o ponto de vista de Davidji em relação à simplicidade do processo:

> O que quer que esteja acontecendo, você continua a retornar ao objeto de sua atenção repetidamente. Pode soar monótono ou entediante, mas a ideia não é que seja um passatempo, mas um fundamento. Meditar é ficar suavemente à deriva. Enquanto você tiver algo para onde voltar, pouco importa quão longe divague, pois sempre vai voltar. Com o passar do tempo, você começa a se sentir mais à vontade com o fato de que é isso. A prática é isso: ficar à deriva, voltar. Ficar à deriva, voltar.

Sério. É só isso. Dá para fazer, não é?

Agora vêm as dicas sobre o que fazer quando sua mente não consegue ficar calada e como ter paciência com o processo, para que sua meditação continue a ser tranquila e feliz. Como diz Mallika Chopra: "A última coisa com que a gente pode se estressar é com nossa prática meditativa!".

O que "fazer" com os pensamentos

Lembre: o objetivo não é evitar os pensamentos. É permitir que eles venham, perceber quando isso ocorre, depois permitir que se esvaiam, de modo a retornar ao foco. É como uma limpeza. Você não briga com os pensamentos: você os deixa vir e os deixa ir. Passa por eles, em vez de suprimi-los, para atingir aquele estado mental vazio.

O desafio é a parte do "deixar passar", eu sei. Por isso, eis algumas técnicas para ajudar você a fazer isso.

REDIRECIONE, REDIRECIONE, REDIRECIONE

Esse é o segredo da meditação, e ponto.

Gosto muito do jeito que Davidji encontrou para explicar isso. Ele diz: "Quando você entra numa sala escura, não faz nada com a escuridão. Simplesmente acende a luz. Na meditação, você não faz nada com os pensamentos. Apenas direciona sua atenção para outra coisa".

Lena George tem outra analogia, que sempre me faz rir,

já que sou mãe de três meninos. Ela diz: "Eu imagino a mente e a atenção como se fossem um bebê. Não adianta mandar que parem de fazer alguma coisa. Você tem que redirecionar o estímulo para outra coisa. Neste caso, isso acontece dentro do seu cérebro. É como se usasse um brinquedo para atrair o bebê na direção certa".

Em ambos os casos, essa "outra coisa" para onde você redireciona o estímulo é o objeto da sua atenção — a respiração, o mantra ou o objeto. São as forças fundamentais que levam você instantaneamente de volta ao aqui e agora. O pensamento surge, você o percebe e o reconhece, depois desvia sua atenção. Simples, mas *muito* eficiente!

Por isso, não se preocupe em relação ao que "fazer" com os pensamentos. O importante não são os pensamentos necessariamente, mas se você está se prendendo à sua reação a eles. Toda vez que despontarem, redirecione a atenção para sua respiração, seu mantra ou seu objeto, de novo, de novo e de novo...

VISUALIZE PARA EVAPORAR

Sempre ajuda imaginar que se está mandando embora os pensamentos quando você percebe que eles apareceram. Como? Visualizando. Cada professor tem sua própria analogia para a visualização, mas entre as minhas favoritas estão aquelas em que os pensamentos são como folhas arrastadas pela correnteza de um rio, nuvens que passam, um navio velejando rumo ao horizonte ou fumaça se desfazendo no ar.

Também ajuda visualizar sua respiração como uma força estabilizadora. Por exemplo, seus pensamentos são como ondas, mas sua respiração é como a âncora que o puxa de volta. Eis outro exemplo de que gosto muito, criado por Heather Hayward:

Seus pensamentos são como os passageiros de um trem, mas o trem, propriamente dito, é sua respiração. Não tem problema se os passageiros estiverem fazendo uma festa. Mesmo que haja um bêbado gritando ou cantando no microfone, não pare o trem. No fim das contas, os passageiros vão desembarcar, um por um. Eu chamo o espaço entre minhas orelhas de "Estação Central". Ao meditar, ela se transforma em "Estação da Serenidade". Há calma e movimento ao mesmo tempo, e tudo bem.

É muito importante lembrar que "deixar passar" não é a mesma coisa que afastar os pensamentos à força. Perceber o que está vindo é tão importante quanto. São oportunidades de ouro para se dar conta de como o cérebro trabalha e como os pensamentos o sabotam. Não julgue esses pensamentos. Simplesmente os perceba e em seguida solte. A parte de "deixar ser" está entrelaçada com o "deixar passar". Recapitulando:

1. Perceba o pensamento.

2. Deixe-o ser.

3. Visualize o deixar passar (e/ou retorne à sua força estabilizadora).

4. Volte à respiração, ao mantra ou ao objeto.

5. Repita.

ROTULE

Lembra a dica de Natalie Bell de rotular um pensamento ou sentimento ao percebê-lo? É uma maneira instantânea de separar *você* dos *seus pensamentos* e de voltar a ser mero *observador* deles. É ciência pura: quando rotulamos um pensamento ou uma emoção, a amígdala (o centro da ansiedade, do receio, do "lutar ou correr") se acalma imediatamente. Então, você pode passar para um modo mais calmo e racional, onde residem o esplendor e o êxtase.

Funciona assim: você está aí, com sua mente pulando de galho em galho, quando PUF! Você se dá conta de que foi parar num redemoinho emocional. Então, atribua um nome a isso:

"Estou preocupado."

"Me sinto culpado."

"Estou fantasiando."

"Estou tenso."

Uma de nossas alunas emprega o que ela chama de técnica do "Xi, lá vou eu". Assim que ela se surpreende numa torrente de pensamentos, dá um rótulo do tipo:

"Xi, lá vou eu fazer listas."

"Xi, lá vou eu me preocupar com o trabalho."

"Xi, lá vou eu sonhar em redecorar a casa."

"Xi, lá vou eu sentir inveja."

"Xi, lá vou eu ensaiar o que dizer."

O que adoro nessa técnica é que ela possibilita que você se livre gentilmente (isto é, sem fazer juízos de valor) do problema, com um toque de humor. Rir um pouco de si mesmo é bom. Meditar não precisa ser tão sério! Essa técnica também proporciona muitas ideias em relação a como o cérebro funciona, o que lhe permite estar ciente de suas configurações e de seus hábitos mentais.

SEJA BONZINHO COM SEU CÉREBRO

Você pode estar acostumado a fazer as coisas acontecerem, mas ao meditar isso não é possível. Não se pode *forçar* o cérebro a ficar em silêncio. Portanto, conceda uma pausa a si mesmo e pare de se penitenciar por sua mente que fica o tempo todo pulando de galho em galho.

Caso seu cérebro simplesmente não pare, seja grato. Estou falando sério. É um grande favor a si mesmo que sua cabeça esteja a mil por hora enquanto medita. Isso mostra, em tempo real, até que ponto seu monólogo interior tomou conta de você. Também lhe propicia uma oportunidade de ouro para redirecionar sua atenção com propósito, fugindo da corrente de pensamentos e se voltando para sua respiração. Como agora sabe, é esse ato simples que, com o tempo, reconfigura seu cérebro.

Além disso, como diz Steve Ross: "A agitação da mente é sua melhor amiga. Sem ela, você não estaria buscando nada; estaria apenas deitado à beira de alguma piscina. No nível da alma, a agitação é um sinal, dado pela sua intuição, de que existe algo a ser descoberto".

Meditar é a coisa mais simples do mundo, mas também é a mais difícil, porque a mente lhe oferece um milhão de razões para não meditar. E, quando nossa mente diz não a alguma coisa, temos tendência a achar que somos nós que estamos dizendo isso a nós mesmos. Mas sente-se com regularidade, mesmo que por intervalos curtos, e em breve você começará a observar que sua mente não é você, e que muita coisa que ela diz não é o melhor para você.

ART, 41 ANOS, EXECUTIVO DA INDÚSTRIA TELEVISIVA

Como ter paciência com o processo (e consigo mesmo)

Você está preocupado porque "não está dando certo"? É bastante comum. Juro que é, mais do que você imagina. Mas pode ser frustrante sentir que não está no caminho certo. Não é fácil para pessoas exigentes consigo mesmas aceitar que, na prática de meditação, não se pode "vencer". Na verdade, não dá nem para ser "bom" em meditação. Acredite em mim, sou uma pessoa muito competitiva!

Às vezes, ao meditar, você se conecta com sua alma e encontra o êxtase; às vezes, fica apenas sentado em silêncio, respira e se acalma; e às vezes senta e tem a impressão de que está lutando contra sua mente acelerada. Qualquer uma dessas sensações pode ocorrer em qualquer dia, e o mais bonito é que não importa. Uma de nossas alunas mais assíduas, uma advogada chamada Lauren, me pediu que compartilhasse o seguinte: "O melhor conselho que posso dar aos iniciantes é que tudo contribui. Mesmo que sua cabeça se distraia o tempo todo. Fiquei tão feliz quando me contaram isso que gosto de passar adiante".

A conclusão é que você vai obter todos os benefícios da meditação, quer considere ter feito uma "boa" sessão, quer não. Pouco tempo atrás, assisti a uma entrevista no programa *Good Morning America* com o professor de meditação transcendental Bob Roth. Ele contou uma história a respeito de seu mestre, Maharishi Mahesh Yogi, que reproduzo aqui.

Uma vez, um repórter perguntou a Maharishi: "Algumas meditações são mais superficiais e outras parecem mais profundas. Elas são melhores?".

"Não", respondeu Maharishi. "Ambas são igualmente boas."

Quando o repórter perguntou como isso era possível, Maharishi respondeu: "Mesmo quando mergulhamos em águas rasas nos molhamos".

Eis algumas sábias palavras de nossos professores a respeito de como deixar de lado os juízos de valor e ter um pouco de paciência ao longo do processo:

> Muita gente, na primeira vez que medita, fica pensando na lista de tarefas que ainda precisa cumprir. Na segunda vez, pensa no que está fazendo de errado. Na terceira, pensa numa conversa que acabou de ter. É simples: esqueça! Acabou. A maioria de nós é impelida pelo esforço e pelo foco; achamos que essa é a fórmula mágica para realizar coisas. Por isso, abordamos a meditação com essa expectativa, e nos sentimos frustrados ao perceber que não funciona. Mas, na verdade, é o contrário. É uma rendição. Você acha que pode se libertar de todo o esforço para simplesmente focar e estar consigo mesmo?
>
> Davidji

Não importa o que acontece na sua meditação. É como Las Vegas: o que acontece na meditação não sai dali. Os benefícios da prática continuam aparecendo no restante do seu dia. Por isso, não é preciso fazer juízos sobre como você deve se sentir em relação a essa experiência.

Megan Monahan

Se eu tivesse que fazer um boletim meteorológico de uma meditação, certamente não seria parecido com Palm Springs, onde faz sol o tempo todo, nem com Seattle, onde só chove. Seria algo como o Havaí — lá o sol está brilhando num minuto, no outro cai uma tempestade e no outro o sol volta a abrir, e não há nenhum problema nisso. Julgar aquilo que acontece é o que estraga a felicidade — a pura e simples felicidade do "Que bom, hoje fiz meus cinco minutos".

Heather Hayward

Quando você se senta para meditar, deve se ater a vivenciar a meditação enquanto ela ocorre, sem analisar nada. Você não está em condições de julgar. O que é que você de fato sabe sobre o que está acontecendo e sobre até que ponto avançou no processo?

Steve Ross

Quinze meditações diárias

Depois de vivenciar aquilo que a meditação é capaz de fazer, você vai querer cada vez mais essa sensação. As seguintes minimeditações são a maneira ideal de conseguir pequenas injeções de foco, tranquilidade e alegria durante o dia. Você pode escolher uma sempre que precisar. Nós as criamos para que fossem rápidas, agradáveis e pudessem ser feitas em menos de cinco minutos. Você pode facilmente encaixá-las na sua agenda, mas, caso tenha mais tempo, também pode estendê-las a vinte minutos ou mais. Não há nada que impeça a transformação dessas rotinas em sessões mais longas e plenas, para uma experiência ainda melhor e mais profunda. Vídeos de cada uma dessas meditações estão disponíveis em <unplugmeditation.com> (em inglês).

A MEDITAÇÃO DESLIGUE

Quanto tempo leva: Menos de 1 minuto.
Ideal para: Se reconectar rapidamente consigo mesmo.

Usar quando: Você quer um pouco daquela mágica da meditação.

Cada uma das demais minimeditações que você vai encontrar a seguir tem um propósito específico, mas esta é nossa clássica rapidinha, que sintetiza todas as outras em uma só. Pense nela como uma versão básica para usar sempre que tiver um minuto, ou até menos, e quiser se concentrar depressa. A vantagem é que é facílima de lembrar!

Eis os passos:

1. Desligue os aparelhos eletrônicos e se desligue de qualquer tarefa que esteja realizando.

2. Perceba como está se sentindo.

3. Escolha um ponto focal (respiração, mantra, objeto ou visualização).

4. Deixe passar.

5. Entenda que seus pensamentos vêm e vão.

6. Prossiga com o seu dia!

A MEDITAÇÃO DO SABOR

Quanto tempo leva: 1 minuto.
Ideal para: Desacelerar, desfrutar do momento e vivenciar o prazer da refeição.
Usar quando: Vai comer.

Nos alimentamos todo santo dia, em geral sem pensar muito. Seja sincero: quantas vezes você se sentou na frente da televisão e devorou um saco inteiro de batatas ou engoliu um cookie e pensou: "Já acabou?". Isso não apenas nos tira do momento presente como também nos faz acumular quilinhos, porque não estamos prestando atenção naquilo que enfiamos na boca.

Comer e meditar nos permite perceber quando o corpo está dizendo: "Certo, agora chega". Tenho tendência a mastigar rápido e comer o triplo do necessário, sem conceder a mim mesma a oportunidade de me dar conta de que estou saciada. Por isso, quando termino, me sinto pesada. A meditação do sabor obriga a desacelerar, fazendo você se conectar com a qualidade e a quantidade daquilo que está comendo. Melhor que isso: você passa a desfrutar da comida.

Esta meditação rápida pode ser feita em qualquer lugar, a qualquer momento, com qualquer alimento. Aqui, vou lhe mostrar como fazer com uma uva-passa, que foi como aprendi, só para lhe dar uma ideia. Mesmo que só faça isso em uma refeição por dia, é uma oportunidade de aproveitar esse momento e fazer algo de bom para si mesmo.

Eis um guia prático para a meditação do sabor:

1. Pegue uma uva-passa.

2. Olhe para ela e pergunte a si mesmo: "Como isto saiu da terra e veio parar entre meus dedos?". Pense nisso. Alguém plantou a parreira, colheu as uvas, deixou que secassem... Imagine todos os passos que aquela pequena uva-passa deu até chegar a você.

3. Leve-a ao ouvido. Sei que parece maluco, mas quando você sacode uma uva-passa ela faz um ruído, como um estalo. Ouça por alguns segundos.

4. Ponha-a diante da boca, sem abrir os lábios. Sinta o ligeiro salivar que antecipa a degustação. É estranho, mas acontece mesmo!

5. Coloque a uva-passa na boca e sinta a textura com a língua. Depois, comece a mastigar o mais lentamente que puder. Perceba como a casca se separa do miolo adocicado. Tenho certeza de que você nunca mastigou nada de maneira lenta o suficiente para notar como sua língua percorre sozinha todo o espaço ao redor. Uma festa acontece dentro da sua boca, a cada mordida, e você sempre foi convidado para ela, mas nunca se preocupou em dizer se ia.

6. Engula, sorria e continue seu dia.

MEDITAÇÃO DA CAMINHADA

Quanto tempo leva: 3 minutos.
Ideal para: Se ligar à terra; também é ótima para quem tem dificuldade em parar sentado.
Usar quando: A vida está um caos, você se sente sobrecarregado ou sem controle sobre as coisas.

De vez em quando todos nós passamos por isto: nada parece dar certo no trabalho, os filhos estão deixando você louco ou é a sexta vez que perde a chave na mesma semana. Para pôr os pés no chão em meio ao caos, experimente esta meditação:

1. Fique de pé, de preferência descalço, ou então com um calçado baixo ou meia.

2. Sinta seus pés. Flexione os dedos e se conecte à sensação da sola do pé tocando o chão.

3. Bem lentamente, erga o pé direito e dê um passo. Toque o chão primeiro com o calcanhar e, lentamente, repouse a planta do pé.

4. Dê mais um passo, do mesmo jeito, com o pé esquerdo, em câmera lenta. Sinta como o peso do corpo se transfere e como o corpo e os joelhos trabalham em conjunto, como uma máquina, impulsionando você.

Mantenha os olhos abertos e levemente focados em um ponto um pouco à sua frente: fechá-los pode deixar você tonto e enjoado.

Tem gente que faz essa meditação por longas distâncias, mas eu mesma não tenho paciência para isso. Três minutos são o suficiente para mim. Na verdade, o título deste livro deveria ser *Meditação para pessoas impacientes*!

MEDITAÇÃO DA PAZ

Quanto tempo leva: 1 a 6 minutos.

Ideal para: Aliviar a ansiedade, diminuir o mau humor ou liberar a frustração.

Usar quando: A tensão chega ao ápice.

Para ter um pouco de paz rapidamente, experimente esta meditação expressa criada por Johnny O'Callaghan. O efeito é tão rápido e poderoso quanto o de uma dose de café, só que ao contrário. Como explica Johnny: "Ela desliga você da sua mente e o faz presente. É ótima quando você está para dar uma palestra, subir ao palco ou tomar uma decisão difícil, ou seja, sempre que precisa estar presente e sereno em pouco tempo".

Eis como funciona:

1. Respire lentamente sete vezes, inspirando e expirando pelo nariz.

2. Respire lentamente mais sete vezes, inspirando pelo nariz e expirando pela boca.

3. Por fim, respire lentamente mais sete vezes, inspirando e expirando pela boca.

Resumindo: sete respirações nariz/ nariz; sete respirações nariz/ boca; sete respirações boca/ boca. Quando terminar, volte a respirar normalmente e sinta como sua energia se alterou.

MEDITAÇÃO PARA SE ANIMAR

Quanto tempo leva: 1 minuto.
Ideal para: Se livrar do mau humor.
Usar quando: Você se sente triste ou incomodado.

A gratidão é um antídoto instantâneo para o mau humor. Literalmente, não há como estar ao mesmo tempo ranzinza e agradecido. Eis o jeito de sair de um estado de espírito irritadiço para o oposto em menos de um minuto:

1. Feche os olhos.

2. Pense em três pessoas ou coisas que lhe inspiram gratidão. Não faça de conta! Você precisa escolher três coisas pelas quais sua gratidão seja *genuína*. Pode ser alguém especial em sua vida, alguém que cedeu o assento a você no metrô lotado, a saúde de seus filhos, o bom tempo que está fazendo hoje... Qualquer coisa vale, grande ou pequena. Às vezes, por exemplo, o café está na minha lista.

3. Abra os olhos.

Pronto! Simples assim.

MEDITAÇÃO DO AMOR PROFUNDO

Quanto tempo leva: 3 a 5 minutos.
Ideal para: Aumentar os sentimentos bons em relação a si mesmo e às pessoas, ou recuperá-los.
Usar quando: Você estiver de mal consigo mesmo ou irritado/magoado com alguém.

Esta é uma meditação clássica, às vezes chamada de "meditação do amor e da bondade" ou "meditação do amor incondicional". Independentemente disso, o princípio básico é amar a si mesmo e aos outros. Ela é útil quando você está mal com alguém, porque auxilia a encontrar o caminho da compaixão e a amar novamente. E a verdade é que não existe sentimento melhor que o amor.

Eis como realizá-la:

1. Feche os olhos.

2. Volte sua atenção para dentro e faça uma lista de três coisas de que gosta em si mesmo. Você é uma pessoa gentil? Inteligente? Criativa? Faz as pessoas rirem?

3. Em seguida, pense em alguém muito querido por você. Provavelmente você ama muitas pessoas, mas, para os fins desta meditação, escolha aquela que no momento é o centro de suas atenções. Imagine que a está abraçando e lhe enviando todo o seu amor.

4. Em seguida, pense em um amigo que esteja necessitando de um pouco de amor. Essa pessoa pode estar num momento ruim ou passando por alguma dificuldade. Imagine que você está enviando seu amor a ela sob a forma de uma carta; imagine-a sorrindo ao abri-la e lê-la.

5. Agora, pense em alguém por quem você seja indiferente. Eu, por exemplo, sempre penso na recepcionista da escola dos meus filhos. Ela é simpática, mas não é alguém com quem eu tenha intimidade. Envie um pouco de amor a essa pessoa, visualizando um cartão, como uma surpresa que vai deixá-la feliz.

6. Por fim, pense na pessoa que mais lhe causa problemas atualmente. É difícil enviar amor a alguém de quem você não gosta ou com quem está mal. Na prática, porém, ao

fazer isso, você deixa passar um pouco da raiva que o envenena e segue em frente. Coloque-se no lugar dessa pessoa, mesmo que não queira fazer isso. Envie a ela pensamentos de *paz, amor e bondade*.

Este último passo livra você de emoções complicadas para que possa pensar em outras coisas. O perdão ou a libertação da negatividade em relação a alguém (ou a si mesmo) costuma ser difícil. Mas com esta sequência fica muito mais simples, porque nos passos de 1 a 5 você já nutriu esse sentimento amoroso no seu coração.

Para outras variações desta meditação, procure no YouTube duas das minhas favoritas: de Sharon Salzberg e Tara Brach.

MEDITAÇÃO STARBUCKS

Quanto tempo leva: O tempo da fila.
Ideal para: Encaixar uma meditação num período curto.
Usar quando: A fila demora... e demora...

Por que não aproveitar de outra forma o tempo que seria perdido na fila? Nem sempre nos damos conta de quantos momentos preciosos podemos resgatar. Em geral, quando estamos esperando, nosso cérebro viaja para outra dimensão. Mas, com esta meditação, vamos trazê-lo de volta para que você possa se ancorar e recapturar a força de estar presente. A atenção plena ao fazer qualquer coisa é uma maneira de introduzir a meditação no cotidiano, permitindo que você viva o agora.

A meditação Starbucks é uma combinação de três meditações em uma: a da caminhada, a do amor profundo e a do sabor. Esta é a maneira de fazer sua próxima dose de cafeína se transformar num breve retiro:

1. Enquanto estiver na fila esperando para fazer seu pedido, foque nos seus pés. Literalmente jogue toda a sua atenção neles e sinta como estão conectados ao solo.

2. Bem lentamente, erga o pé direito e dê um passo. Toque o chão primeiro com o calcanhar, repousando lentamente a planta do pé.

3. Dê mais um passo, do mesmo jeito, com o pé esquerdo. Sinta como o peso do corpo se transfere para a frente, e o corpo e os joelhos trabalham em conjunto, como uma máquina, impulsionando você. Faça tudo bem devagar — o que vai ser fácil, uma vez que haverá alguém à sua frente na fila.

4. Quando chegar sua vez de pedir, olhe para o atendente e faça o pedido de forma simpática. Quando você sorri para alguém, a pessoa devolve o sorriso, estabelecendo uma conexão. É engraçado que não façamos isso com mais frequência. Às vezes você até fatura o cappuccino de graça. *#JuroQueRola*

5. Feito o pedido, mantenha a caminhada atenta até a área de entrega. Em vez de se incomodar com a demora para que o café fique pronto, simplesmente aguarde e se conecte com sua respiração. Nada de trapacear pegando o celular! A ideia aqui é que, embora você preferisse estar fazendo outra coisa, vai usar o músculo do redirecionamento, trabalhado ao longo de sua prática, para constantemente retornar ao momento presente.

6. Quando a bebida chegar, faça uma pausa antes de tomá-la e sinta o calor ou o frio em suas mãos. Coloque-a sob o nariz e sinta o aroma. Então, tome um gole pequeno, saboreando de verdade.

É assim fácil transformar um momento de espera em uma oportunidade para a atenção plena. Adoro essa meditação rápida — é uma maneira muito poderosa de começar o dia.

MEDITAÇÃO RELAXANTE

Quanto tempo leva: 5 minutos.
Ideal para: Liberar a tensão.
Usar quando: Você precisa dar uma respirada, relaxar, se recuperar e começar de novo.

Não nos damos conta, na maioria das vezes, de que nossos ombros estão duros e nossa testa, franzida. Ficamos tensos sem nem perceber. Esta meditação escaneia o corpo e é uma maneira maravilhosa de liberar a tensão dele todo e de nos sentirmos melhor. Simples assim. Eis como:

1. Deite e feche os olhos. Se estiver no trabalho ou em algum lugar onde não possa deitar, sente confortavelmente numa cadeira.

2. Dê três respiradas bem lentas e prolongadas.

3. Leve sua atenção para os pés. Sinta o peso dos calcanhares no solo. Contraia os pés, depois relaxe-os conscientemente.

4. Bem devagar, vá subindo pelo corpo, fazendo o mesmo com panturrilhas, coxas, quadris, mãos, barriga, peito, braços, ombros, pescoço e rosto. Contraia o corpo todo, e logo em seguida relaxe; dependendo da sua disponibilidade de tempo, faça isso com uma perna de cada vez ou com as duas ao mesmo tempo. Contraia a barriga, depois relaxe os músculos. Cerre os punhos e relaxe-os na sequência. Vá de baixo para cima, terminando no rosto. Relaxe os lábios, as bochechas, os olhos, a testa e o cérebro.

5. Dê uma última respirada profunda e em seguida abra os olhos.

Observação: Esta também é uma meditação ótima para fazer antes de dormir.

MEDITAÇÃO DO SONO PROFUNDO

Quanto tempo leva: 3 minutos.
Ideal para: Baixar o ritmo antes de dormir.
Usar quando: Você precisa de ajuda para pegar no sono ou apenas deseja dormir ainda melhor.

Experimente este exercício respiratório que aprendi com Sara Ivanhoe, professora do Unplug. Depois dele, escaneie seu corpo, e em questão de minutos você estará dormindo.

1. Deite e feche os olhos.

2. Ponha os dedos indicador e médio da mão direita no chamado "terceiro olho", o ponto cerca de um centímetro acima do meio das suas sobrancelhas. Se você tocar bem no meio da testa, é porque está alto demais. Você pode acessar nosso site, <unplugmeditation.com> (em inglês), para ver exatamente onde é.

3. Coloque o polegar direito em cima da narina direita.

4. Inspire lentamente com a narina esquerda, pelo máximo de tempo que puder.

5. Em seguida, tire o polegar e tape a narina esquerda com o dedo mínimo da mão direita, soltando o ar pela narina direita.

6. Alterne desta forma, inspirando por uma narina e expirando pela outra, durante três minutos, e você vai sentir a diferença!

MEDITAÇÃO ELIMINADORA DE IDEIAS FIXAS

Quanto tempo leva: 1 a 3 minutos.
Ideal para: Se livrar de "espirais mentais".
Usar quando: Alguma coisa está incomodando e você simplesmente NÃO CONSEGUE PARAR DE PENSAR NELA.

Todos ficamos obcecados por certas coisas. Erros que cometemos, sensação de excesso de peso, preocupação com alguma coisa no trabalho... Se livrar delas pode ser difícil, mas agora você está treinando exatamente para isso! Você trabalhou o músculo do redirecionamento, e esta meditação curta vai ajudar a tirar o problema da frente ainda mais rápido.

Eis o que fazer da próxima vez que tiver a impressão de que não consegue parar de remoer algum assunto:

1. Feche os olhos e pense no assunto (foi fácil, não foi?).

2. Imagine uma tela de computador. Com a mão no mouse, leve mentalmente o cursor até o assunto na tela e clique nele.

3. Imagine que está arrastando o item para a lixeira.

4. Agora clique em "esvaziar lixeira".

5. Imagine uma página em branco, vazia, limpa, aparecendo na tela. Respire.

6. Caso o assunto reapareça num pop-up, simplesmente repita todo o processo.

MEDITAÇÃO DE RETORNO AO FOCO

Quanto tempo leva: Menos de 1 minuto.
Ideal para: Recuperar o foco.
Usar quando: Você se dá conta de que sua mente foi passear e é preciso colocá-la de volta nos trilhos.

Já perdi a conta das vezes em que minha cabeça deu uma viajada durante uma reunião e perdi a noção do que estava sendo discutido. Reconheço que isso também acontece comigo em algumas conversas. Ao perceber que seu cérebro partiu em uma viagem, você pode trazê-lo de volta com esta meditação que aprendi no Centro de Pesquisa de Percepção e Atenção da UCLA:

1. Pare o que está fazendo.

2. Abra os pulmões. Respire uma, duas, três ou quatro vezes.

3. Repare em tudo à sua volta, no que está acontecendo, no lugar em que você está, em quem está falando. Note que divagou.

4. Se entregue àquilo que estava fazendo, mas, desta vez, desperto e presente.

Use isso toda vez que precisar retornar ao aqui e agora.

MEDITAÇÃO DA PERDA DE PESO

Quanto tempo leva: 1 a 5 minutos.
Ideal para: Cortar os desejos.
Usar quando: Os docinhos/o sorvete/a batata frita estiverem gritando "Me coma!".

Em geral, comemos demais ou ingerimos coisas que nos fazem mal porque estamos estressados e cedemos a nossos desejos sem pensar muito. Pode ser que nos sintamos impotentes diante da tentação dos doces ou dos salgadinhos, mas *temos* o poder de decidir aquilo que vamos pôr na boca — e *podemos* reagir melhor a esse forte desejo de comer demais com uma ajudinha de nosso cérebro desligado.

Caso você queira perder peso de verdade, a melhor coisa que pode fazer é meditar antes das refeições. Literalmente, medite às sete da manhã, ao meio-dia e às seis da tarde. Começar o dia meditando ativa nossa tecla "pause" interior, fazendo você recuperar o controle quando a tentação aparece. Você treina o cérebro para lhe propiciar um momento de escolha consciente antes de botar para dentro a comida sem raciocinar.

Eis a meditação presente que vai lhe permitir tomar a decisão correta:

1. Feche os olhos e respire três vezes, longa, lenta e profundamente.

2. Repita as seguintes frases para si mesmo (você pode abrir os olhos para lê-las até conseguir guardá-las na memória):
   "Eu como com consciência e tenho a percepção de meus hábitos alimentares."
   "Sei o que me faz sentir bem e o que não faz."
   "Escolho aquilo que ponho em meu corpo e aquilo que não ponho."
   "Como para me alimentar e me sentir bem."
   "Tenho o poder de dizer sim e não."

3. Então, em pensamento, repita o mantra "Eu escolho".

4. Repita quantas vezes forem necessárias até que o desejo se acalme e você sinta que recuperou o controle. Perdeu, docinho!

MEDITAÇÃO DA CLAREZA

Quanto tempo leva: 1 minuto.
Ideal para: Ter acesso a respostas internas e inspiração.
Usar quando: Um problema ou uma pergunta estiverem segurando você.

Você empacou, não sabe o que fazer nem como agir, deu um branco. Quer esteja tentando resolver um problema pessoal, quer sofra um bloqueio criativo, esta meditação é a maneira ideal de atacar a confusão e obter clareza.

Ela usa uma parte da sua mente para determinar a pergunta ou o problema, depois passa à parte mais meditativa e profunda para alcançar a solução. A resposta está escondida lá dentro, e a meditação pode ajudar a encontrá-la!

Da próxima vez que se sentir empacado, experimente o seguinte:

1. Feche os olhos e respire lentamente três vezes.

2. Pense na questão que está preocupando você.

3. Pergunte a si mesmo: "Qual é a resposta para esta pergunta?".

4. Deixe a pergunta passar, comece sua meditação comum e preste atenção àquilo que aparecer. Se a pergunta continuar a surgir, trate-a como outro pensamento qualquer, deixando-a ir suavemente e retornando em seguida para sua respiração ou seu mantra.

O objetivo não é ficar remoendo a pergunta — coisa que, provavelmente, você já fez. O estado de consciência que criou o problema ou a pergunta deve passar, de modo a que você divague para o espaço de percepção onde se encontram as respostas.

Dica: Use algumas gotas de óleo essencial de hortelã-pimenta, que estimula a clareza mental (veja a meditação com aromas na p. 149).

MEDITAÇÃO DO EQUILÍBRIO DOS CHACRAS

Quanto tempo leva: 5 minutos ou mais.

Ideal para: O equilíbrio do corpo, da mente e do espírito em geral.

Usar quando: Está se sentindo um pouco desconectado, ou quer se equilibrar.

Os chacras são pontos de energia em seu corpo. Você pode senti-los, mas não consegue vê-los. Como explica Steve Ross: "Todo mundo conhece bem o próprio corpo físico, mas existem dimensões subjacentes. O sutil subjacente — que é onde você está quando sonha — contém sete chacras, ou vórtices de energia. Se você dissecar o corpo humano, não encontrará nenhum chacra; tampouco encontrará emoções ou pensamentos se dissecar o cérebro. O fato de não ver isso não quer dizer que não seja real".

Os sete chacras formam uma linha que sobe pelo corpo, saindo da base da coluna e terminando no topo da cabeça. Cada chacra tem uma energia e uma cor correspondentes. A tabela ao lado pode servir para uma consulta rápida:

CHACRA	LOCALIZAÇÃO	ENERGIA	COR
1º (base)	Base da coluna	Proteção, sobrevivência, equilíbrio	Vermelho
2º (sacro)	Entre o umbigo e o osso do púbis	Sensualidade, energia criativa, coragem	Laranja
3º (plexo solar)	Metade do tronco	Poder pessoal, abundância	Amarelo
4º (coração)	Meio do peito	Amor, confiança	Verde
5º (garganta)	Região da garganta	Comunicação, expressão pessoal	Azul
6º (terceiro olho)	Entre as sobrancelhas	Intuição, ideias, pensamentos, sonhos	Índigo
7º (cabeça)	Topo da cabeça, ou logo acima	Lucidez, grau de consciência elevado	Violeta

Esta meditação alinha as diferentes energias. Não há quem não goste, porque ela é fantástica para o equilíbrio geral. O que pode haver de ruim em se sentir mais focado, mais contente, mais empoderado, mais amoroso, mais sintonizado e mais lúcido?

Eis as instruções de Steve:

1. Deite e feche os olhos.

2. Comece respirando três vezes longa e lentamente, para se sentir mais presente em seu corpo.

3. Você vai fazer duas varreduras de seus chacras. Na primeira, vai basicamente realizar um diagnóstico pessoal de seu corpo e de sua situação energética; na segunda, vai equilibrar tudo isso. Para fazer a varredura de diagnóstico, concentre sua atenção no primeiro chacra, na base da coluna, ignorando todo o resto. Procure perceber se sente calor, frescor, pulsação ou outra sensação relacionada ao acúmulo de energia nessa parte do corpo. Se perceber, ótimo; isso significa que o chacra está ativo. Se não perceber, tudo bem também; significa apenas que precisa focar mais nele, para ajudar a ativá-lo. Não esquente demais a cabeça tentando saber se está ativo ou não. Simplesmente sinta, deixe passar e avance para o chacra seguinte. Vá subindo pelos chacras restantes, tentando perceber quais sente e quais não sente.

4. Deixe tudo passar e respire mais algumas vezes.

5. Volte a focar no primeiro chacra e comece uma segunda varredura. Desta vez, mantenha o foco durante alguns minutos. Visualizar a cor de cada chacra pode ajudar. Caso sua atenção se disperse, simplesmente a traga de volta para aquela parte do corpo e recomece. Perceba todas as sensações que ocorrem ao fazer isso; depois, deixe passar e foque de novo. Vá subindo pelos seis chacras restantes da mesma maneira.

O ideal é que todos os chacras estejam ativados. Para que isso ocorra, é preciso concentrar sua atenção em cada um deles. Em alguns dias, você notará que alguns chacras podem ser sentidos de forma muito tangível, mas outros não. Cada chacra nos dá uma pista. Às vezes, o chacra da minha garganta é o único que sinto. Ao prestar atenção, descubro que é por causa de algo que preciso comunicar — alguma verdade que preciso reconhecer e expressar.

Então, no dia seguinte, pode ser completamente diferente. À medida que você persiste nessa prática, vai percebendo que o chacra que estava ativo em determinado dia pode estar dormente no dia seguinte. Esta meditação lhe permite equilibrar aquilo que precisa de mais energia naquele momento específico.

Uma dica: você também pode colocar cristais sobre um ou mais chacras para obter uma dose extra de energia. É definitivamente uma das coisas que mais gosto de fazer. Para saber mais a respeito, veja a p. 159.

MEDITAÇÃO NO TRÂNSITO

Quanto tempo leva: 1 a 3 minutos (pode ser repetida quantas vezes desejar).

Ideal para: Dissipar a frustração, o estresse e a irritação com os engarrafamentos.

Usar quando: Está preso no inferno do tráfego.

Não há nada mais estressante que estar preso na via expressa I-405 de Los Angeles às cinco da tarde! Eis a solução para aqueles momentos em que você vê uma fila interminável de carros parados à sua frente e começa a sentir o sangue ferver. É literalmente tão fácil como aprender o ABC:

1. A = Atenção ao caminho. Foque na situação e obtenha uma percepção total dela, com o máximo de detalhes possível. Por exemplo: "Estou em um engarrafamento; não consigo avançar; estou preso; vou me atrasar e odeio me atrasar; estou irritado".

2. B = Busca corporal. Comece pelos pés, fazendo uma varredura em todo o corpo para se situar. Sinta-os nos pedais, depois sinta o bumbum no assento, as mãos no volante e os olhos fixos no caminho.

3. C = Conecte-se com sua respiração. Primeiro, inspire e expire profunda e lentamente, deixando o ar entrar pelo nariz e soltando pela boca. Em seguida, concentre sua atenção na caixa torácica e inspire, contando até quatro e sentindo-a inflar. Prenda a respiração contando até quatro, em seguida solte o ar também contando até quatro e sentindo o tórax esvaziar. Conte até quatro e repita o processo mais algumas vezes, até se sentir relaxado.

Repita o mantra "É o que é" três vezes, em pensamento ou em voz alta. O trânsito não vai desaparecer, mas sua agitação interior vai.

CONTINUE AVANÇANDO

Depois que você despertar sua alma através da meditação, vai querer ir cada vez mais fundo e fazer mais coisas, com tantos caminhos interessantes a explorar.

Aqui, você encontrará informações sobre outras formas de meditação, entre elas a meditação guiada, as meditações com aromas, com cristais e com sons e a meditação intencional. Também incluí informações sobre cinco outras práticas que considero que realmente vale a pena tentar: EFT, cura com cristais, treinamento respiratório, banhos sonoros e meditação para crianças. Recomendo experimentar todas para ver quais são suas favoritas. Não há nada a perder, a não ser o ceticismo e o estresse.

Outras maneiras de meditar

Acredito piamente que a fórmula simples da meditação direta é a maneira mais fácil de iniciar a prática. Dito isso, não existe uma única meditação para todos. É bom experimentar diferentes formas de meditar para constatar qual é sua favorita. Além disso, fica cada vez mais divertido!

Eis algumas das minhas meditações favoritas; em nosso site, <unplugmeditation.com> (em inglês), você encontrará vídeos com tutoriais para muitas delas.

MEDITAÇÃO GUIADA

Gosto muito da meditação conduzida por imagens. Há quem questione se é mesmo meditação, mas, para mim, é. O uso de imagens é muito eficaz para relaxar, acalmar e cultivar emoções positivas, como a gratidão e a compaixão. Mas também pode abrir você à percepção de situações ou de verdades interiores que nem mesmo você sabia que existiam. É, verdadeiramente, uma viagem de autodescoberta.

Em diferentes aulas de meditação guiada, imaginei meu eu futuro, tive a sensação de estar deitada em uma praia na Jamaica e assisti ao filme da minha vida ideal numa tela de cinema. Vi a árvore da minha vida e fui sua jardineira, arrancando as folhas que representavam as pessoas que eu precisava esquecer ou as coisas de que não precisava mais. Visualizei meus sonhos realizados e, com riqueza de detalhes, descobri desejos que nunca soubera ter, vislumbrando as profundezas de minha alma em maravilhosas sessões de 45 minutos. É legal *demais*!

Na meditação guiada, usa-se a mesma fórmula que você acabou de aprender (focar, deixar passar, ficar à deriva, perceber que seus pensamentos se desviaram, focar de novo, repetir), com a única diferença de que, em vez de usar a respiração ou um mantra, você usa a voz de um professor, que o orienta nessa jornada de visualização. Você não tem como chegar lá sozinho: precisa de um bom guia. Pode ser uma voz presencial ou uma gravação. No nosso site, <unplugmeditation.com> (em inglês), listei algumas das minhas fontes favoritas; há várias ótimas disponíveis para escolha.

Kristen Luman, hipnoterapeuta diplomada, é especialista em meditação guiada. Gosto muito da forma como ela explica o que essa técnica promete:

> A meditação guiada é, na verdade, um processo de autodescoberta. As pessoas vivenciam e veem coisas que talvez não esperassem, aprendendo mais a respeito de si mesmas. Por exemplo, peço que imaginem que estão pintando uma paisagem, e que essa paisagem é a vida delas atualmente. Às vezes, começam imaginando uma cena ensolarada, mas se dão conta de repente de que estão pintando nuvens de tem-

pestade. Pois bem, depois que se dão conta disso, como fazer para pintar um céu mais claro, com montanhas verdejantes, em vez de pedras pontiagudas? Tudo aquilo que não se quer ver é possível mudar. É um processo de conexão consigo mesmo, num nível mais profundo, e de criação de associações novas e positivas.

As mesmas áreas do cérebro são ativadas quando fazemos de fato alguma coisa e quando imaginamos fazê-la. Ao imaginar, você está reprogramando o cérebro, ainda que num grau diminuto. Nossos pensamentos afetam tudo. Então por que não criar os pensamentos que originam o mundo em que você quer viver? Por que não ser o pintor de sua própria obra-prima?

Muitos consideram a meditação guiada um jeito fácil de começar, porque você literalmente tem alguém que o conduz ao longo da jornada. Ter um guia não apenas o mantém apegado a algo exterior a seus pensamentos ordinários, mas também lhe dá a sensação de conexão que vem de meditar coletivamente.

MEDITAÇÃO COM AROMAS

O olfato é um poderoso gatilho para o cérebro. Pense em quando você entra num spa. Aquele aroma calmante e renovador é um aviso de que o relaxamento está chegando. Na mesma hora você começa a se sentir mais relaxado. Por isso, adoro incluir óleos essenciais na minha prática.

A meditação com aromas utiliza o olfato como a porta de saída para se livrar do monólogo interior e voltar ao momento presente. Funciona assim:

Escolha um óleo essencial de boa qualidade da sua preferência, disponível em praticamente qualquer loja de produtos naturais ou na internet. Eis alguns dos óleos essenciais mais procurados e sua melhor área de atuação:

- **Lavanda:** relaxamento

- **Laranja:** alegria, alívio da ansiedade (é meu favorito)

- **Hortelã-pimenta:** clareza mental, vigília e alívio do estresse (também é ótimo contra dor de cabeça)

- **Rosa:** confiança, amor, compaixão

- **Baunilha:** calor humano, aconchego

Ponha algumas gotas na palma de uma mão e, bem lentamente, esfregue na outra para espalhar e liberar o aroma. Leve as mãos ao nariz, inspire, feche os olhos e se concentre no perfume. Em seguida, abaixe as mãos, deixe passar, respire e prossiga com a prática da meditação. Assim que perceber que os pensamentos voltaram a se infiltrar, leve as mãos de novo ao rosto, inspire o aroma e recomece.

O mais bacana é que você pode ficar com o óleo nas mãos e cheirá-lo toda vez que precisar se centrar ao longo do dia. Com o tempo, sobretudo quando usa o mesmo aroma, isso se torna um gatilho automático, que o coloca num estado de espírito sereno (ou feliz, revigorado, amoroso) de imediato. Tenho a esperança sincera de que você experimentará usar a aromaterapia em sua meditação. Ela adiciona um toque muito especial à experiência.

MEDITAÇÃO COM CRISTAIS

A palavra "cristal" dá bode em muita gente. Mas eles não são nada além de pedras. Não são mágicos (a não ser que por "mágicos" se entenda que seus efeitos são sentidos, mas não podem ser provados). O que posso garantir é que eles emitem frequências mensuráveis que têm grande poder; é por isso que são usados em lasers e relógios. Tem gente que jura ter sido curada por cristais (para mais informações sobre isso, veja a p. 159). Outros — eu, por exemplo — conseguem sentir um formigamento subindo pelo braço ao segurar certas pedras. Há uma ametista no quarto dos meus filhos, e realmente acredito que ela os acalma.

Na meditação, os cristais podem ser usados como um ponto focal, da mesma forma que a respiração ou um mantra. Quando você se distrai e começa a pensar no passado ou no futuro, sentir o peso, a textura e o toque de um cristal serve como lembrete imediato para deixar de lado os pensamentos e voltar à respiração.

Comece escolhendo um cristal. Jona Genova, professora de meditação com cristais, diz que o ideal é comprá-lo pessoalmente, para poder pegá-lo e senti-lo. Cristais podem ser encontrados em joalherias, muitos estúdios de ioga ou até mesmo lojas de produtos naturais e de jardinagem. Caso você precise, por conveniência, comprar pela internet, se certifique de que o site seja especializado em cristais e minerais, para ter a certeza de estar comprando peças da mais alta qualidade.

Cada tipo de cristal contém uma energia específica. O quartzo rosa, por exemplo, propicia dar e receber amor; a ametista traz a sensação de calma. No entanto, Jona tem a forte impressão de que a escolha pessoal do cristal deve ser intuitiva, sem considerar suas propriedades ou seus poderes. Quase sempre se descobre que a pedra escolhida representa a energia e as qualidades que você quer trazer para sua vida.

As seis pedras mais populares no Unplug são as seguintes:

1. **Quartzo rosa:** amor

2. **Ametista:** tranquilidade

3. **Turmalina negra:** ligação à terra

4. **Cristal de quartzo:** equilíbrio geral do corpo, amplificação de energias (como a energia do amor, da tranquilidade etc.)

5. **Cornalina:** felicidade

6. **Pirita:** sucesso, sorte e prosperidade

Depois de escolher seu cristal, procure sua posição favorita para meditar e segure-o na mão. Outra opção é deitar e colocá-lo sobre alguma parte do corpo (veja mais a respeito de como combinar os cristais com os diferentes chacras e pontos do corpo na p. 160). Feche os olhos, respire fundo e foque na pedra. Sinta de verdade o peso, a temperatura e a textura. Respire, deixe passar e fique à deriva. Quando perceber que seus pensamentos começaram a se infiltrar, traga sua percepção de volta à sensação do cristal e recomece.

Se você achar que essa meditação é poderosa, espere até a hora em que experimentar a cura com cristais! Ela usa o poder dessas pedras para equilibrar e curar todos os níveis do corpo. Você poderá ler mais a respeito na p. 159.

MEDITAÇÃO COM SONS

Se você nunca meditou ao som de uma tigela cantante tibetana, recomendo bastante que experimente. Para mim, a meditação sonora é uma das formas mais empolgantes de meditar, porque você pode senti-la fisicamente. Em vez de focar apenas na respiração, você se concentra na sensação da vibração, o que ajuda a desligar seu cérebro e se sintonizar consigo mesmo.

Há mais de uma maneira de fazer isso. Primeiro, é preciso arrumar uma tigela, que pode ser encontrada facilmente na internet. Não precisa ser nada muito elaborado nem muito maior que uma tigela de sopa. A maioria vem com um martelinho de madeira, que também é necessário.

Em seguida, deite e coloque-a sobre o peito ou o abdome. Respire fundo lentamente algumas vezes para se preparar, em seguida dê uma martelada na beirada da tigela. Você vai ouvir um som belo e melodioso; e, mais importante que isso, vai sentir uma vibração atravessar todo o seu corpo. Acredite em mim, é incrível! Direcione sua atenção para o som e a sensação e empregue ambas como ponto focal da meditação. Quando terminar, fique parado, em silêncio, e acione sua percepção. Quando sua mente divagar, dê outra martelada na tigela e recomece.

Experimente colocar a tigela em diferentes partes do corpo, pois cada uma produz uma sensação própria. Bater na tigela com os pés descalços, por exemplo, dá a sensação de mergulhá-los numa bacia de água quente. Você pode fazer o que chamam de "ducha sonora" (mas não em público, porque vão achar que você é biruta!). Ponha a tigela de cabeça para baixo na cabeça e dê uma leve pancada nela. O som vai cair como a água de uma ducha no seu corpo inteiro. Essa é uma das maneiras mais rápidas e fáceis de se acalmar totalmente.

Na p. 165, contarei mais a respeito dos banhos sonoros, que levam essa meditação a um patamar inteiramente novo. Um profissional toca uma série de gongos e sinos que encarnam o som do universo e você flutua no estado meditativo mais inebriante que se possa conceber.

MEDITAÇÃO INTENCIONAL

"A meditação flui para onde sua atenção for." Essa é uma expressão que se ouve, mais cedo ou mais tarde, em qualquer estúdio de ioga ou aula de meditação, e é a pura verdade. Se você se visualiza mentalmente atingindo uma meta, já cumpriu 50% dela — basta perguntar a qualquer atleta profissional. Em compensação, a crença de que não conseguirá fazer algo é um dos maiores obstáculos ao êxito. Com a meditação intencional, você tira da frente esse obstáculo, clareando o caminho em sua mente. Se a meditação fosse o show principal, o estabelecimento das intenções seria a abertura que faz a energia fluir na direção desejada para que as coisas aconteçam.

A meditação guiada e a visualização são especialmente boas para estabelecer intenções. Gosto muito da forma como Amy Budden, professoro da Unplug formada em hipnoterapia, explica isso:

A meditação guiada pela visualização é uma maneira poderosa de usar a mente para influenciar o corpo. Pode ser uma maneira empoderadora de fazer com que os resultados desejados se manifestem na vida. Você pode mudar seu estado físico e emocional simplesmente usando a imaginação. Por exemplo, pode imaginar um aconchego tranquilizador para dissipar um incômodo, ou imaginar uma energia ou saúde vibrante quando está cansado. O corpo segue a direção que a mente dá.

Experimente isto: quando estiver cansado e com falta de energia, repita "Estou cheio de energia", visualizando e imaginando que está. Use todos os seus sentidos para fazer com que se torne realidade. Imagine que nunca se sentiu tão cheio de energia. Ao visualizar, você começa a atrair isso, tanto mental quanto fisicamente, e altera seu estado. Em questão de cinco minutos, garanto que vai se sentir melhor do que quando começou.

Intenção + Visualização + Meditação = Resultados!

Quando se acalma, você se conecta à sua alma e é capaz de escutar e ver o que ela deseja. Pode fazer perguntas a si mesmo e descobrir o que realmente deseja. Pode ter uma surpresa ao constatar que surge algo completamente diferente daquilo que achava que queria.

Para estabelecer uma intenção, comece fechando os olhos e respirando fundo e lentamente algumas vezes. Em seguida, pergunte a si mesmo: "O que tive mais orgulho de realizar no ano passado?". O que quer que apareça, em geral, será sua resposta mais intuitiva. Visualize com força essa realização — como você se sentiu, a impressão que causou, como a fez acontecer.

Depois, faça uma segunda pergunta a si mesmo: "O que quero realizar este ano?". Imagine que conseguiu, como se estivesse acontecendo em tempo real: a impressão que causa, qual é a sensação, como sua vida muda em consequência disso.

Então, deixe passar e comece a meditar. O objetivo não é focar na sua intenção, mas apenas a enxergar plenamente realizada dentro da cabeça, logo antes de cair em estado meditativo, quando seu cérebro se torna mais aberto e maleável.

Imagine sua intenção, deixe passar, respire, medite... depois saia para conquistar o mundo!

Mais práticas para experimentar

Quando comecei na meditação, minha maior preocupação era com a simplicidade, mas, quanto mais meditava, mais queria explorar outros caminhos espirituais. Constatei que, quanto mais fundo mergulhava em mim mesma, mais fundo queria mergulhar na vida. Depois que você tem o gostinho da coisa, não quer fazer outra coisa a não ser ir em frente!

A seguir estão relacionadas outras formas criativas de meditar pelas quais me apaixonei!

TERAPIA DE LIBERTAÇÃO EMOCIONAL

Pode ser que você já tenha ouvido falar em EFT, ou *tapping*, e pensado no que poderia ser. Visto de fora, parece um pouco estranho, até uma espécie de seita, mas, na verdade, é uma das formas mais poderosas de iniciar mudanças em seus hábitos e ideias.

Nossa professora Lena George é uma praticante qualificada. Passo a palavra a ela para explicar exatamente o que é EFT, como funciona e como executar:

A maneira mais fácil de entender a EFT é pensar nela como uma acupressão para as emoções. O que fazemos é bater com a ponta dos dedos em pontos específicos de energia usados na acupuntura, ao mesmo tempo que falamos em voz alta sobre certas coisas ou sobre certos assuntos que nos ocupam atualmente. Você levanta o assunto, acionando um gatilho com suas palavras, e então a EFT envia um sinal tranquilizador através do tecido conjuntivo, o que reenquadra e reprocessa suas reações ao gatilho.

A parte da verbalização é importante. Quando você vocaliza um gatilho — digamos, o medo de falar em público —, todo o seu sistema passa por uma reação fisiológica. Quando faz a EFT, está enviando um sinal tranquilizador no mesmo momento em que aciona aquele gatilho, o que desliga seu cérebro. Isso funciona para qualquer coisa, desde se livrar do desejo por doces até questões complexas como o transtorno de estresse pós-traumático.

Posso dar meu testemunho a respeito — eu mesma me livrei desses desejos com as batidas dos dedos. Assim como tantas pessoas, meu ponto fraco são os carboidratos. Sou louca por cereais matinais. Sou capaz de comer várias tigelas, ou simplesmente ir pegando com a mão, direto da caixa. Ah, e os cookies... nunca encontrei um de que não gostasse. Mas a EFT com Lena me ajudou a parar de comer essas coisas por nada menos que oito dias (no nono dia, cedi quando deparei com o bolo de aniversário do meu filho, mas tenho o projeto de recomeçar a terapia para ver se consigo parar de vez!). Muita gente adora a EFT porque apresenta resultados tangíveis, capazes de transformar sua vida. Além de procurar por um profissional, também é possível praticá-la por conta própria em casa, entrando em

<unplugmeditation.com> (em inglês) e assistindo ao tutorial de Lena.

CURA COM CRISTAIS

Muita gente acha que é a coisa mais maluca do mundo, mas conheço pessoas que juram que sua vida foi transformada por ela. E, a julgar pela aparência dos nossos alunos antes e depois de ir ao estúdio para uma aula de cura com cristais, tenho que dizer que com certeza tem algum efeito. Vejo as pessoas entrarem estressadas e saírem totalmente serenas e sorridentes.

Basicamente, o poder dos cristais reside na vibração. Todos os nossos órgãos internos vibram e, segundo nossos profissionais certificados, pôr cristais em diferentes locais do corpo equilibra as frequências que estão fora de sintonia. Eles afinam você como se fosse um violão. É assim que a profissional do ramo Jona Genova explica:

> Na verdade, é bastante científico, embora haja um toque de mágica na forma como as coisas se juntam. Tudo é vibração. Até uma mesa de aparência sólida vibra, e é possível medir isso com instrumentos científicos. Uma vibração reage a outra. Os cristais vibram numa frequência relativamente estável. Como as moléculas tendem a se sincronizar quando se aproximam, se um cristal é colocado perto das frequências instáveis do nosso corpo, ele as equilibra. Isso significa que o simples fato de estar perto de um cristal permite que ele nos cure.

A cura com cristais é o que se convencionou chamar de "meditação passiva", ou seja, você simplesmente relaxa e se entrega às propriedades curativas deles. Não é preciso focar na respiração nem em nada. O único objetivo é ser receptivo e sentir. Como diz Jona: "Deixe o cristal meditar por você".

Em suas aulas, Jona pede que cada aluno escolha três ou quatro cristais pelos quais se sente intuitivamente atraído. Depois de uma rápida meditação guiada, ela coloca os cristais nos chacras (pontos de energia) do corpo conforme a necessidade. Muitas pessoas relatam sentir vibrações, pulsações, ondas de energia, calor ou frio que emanam das pedras. Em seguida, descrevem uma sensação de mais leveza, clareza, alinhamento e paz, além de mais energia. Em poucas palavras, elas se sentem exatamente como você gostaria de se sentir.

Mas não se preocupe se não conhecer nenhum curso ou especialista em cura com cristais na sua região — dá para fazer isso por conta própria. Funciona assim:

1. Escolha um cristal que atraia você. Lembre: é melhor escolher pessoalmente para poder tocá-lo e senti-lo.

2. Depois, se quiser, aprenda um pouco sobre as propriedades que ele estimula (amor, paz, ligação à terra etc.)

3. Deite e coloque o cristal na parte do corpo onde acha que é mais necessário. Caso não tenha certeza quanto a isso, dê uma olhada na tabela da p. 162. Se a pedra que você escolheu não estiver na lista, é fácil encontrar na internet o melhor chacra para ela.

4. Relaxe, respire fundo e se conecte ao cristal. Você não precisa fazer nada além de absorver suas vibrações. Simplesmente deite, inspirando e expirando enquanto tenta

perceber quais os chacras que mais sente. Em geral, haverá um cuja sensação será mais dominante (no meu caso, costuma ser o da garganta) — esse será o que provavelmente precisa de mais atenção em sua vida. Em seguida, deixe passar o que quer que tenha percebido, relaxe e respire um pouco mais. Não há problema se você não sentir nada; mesmo sem a percepção, você colherá os benefícios. Tente fazer isso um mínimo de dez minutos por vez para vivenciar plenamente a experiência. O tempo ideal é de trinta minutos a uma hora.

Depois de algumas vezes, você constrói uma relação com seu cristal. Experimente, então, uma pedra diferente. Você sentirá o contraste e terá uma ideia das sutilezas de cada uma. Siga em frente, experimentando diversos cristais e montando uma coleção com seus favoritos.

A maneira mais fácil de equilibrar os chacras através dos cristais é escolher um cuja cor combine com a do chacra. Para se lembrar facilmente das correspondências, lembre-se das cores do arco-íris, como pode ver a seguir. Você também pode escolher as pedras que sabe que funcionam melhor com cada chacra (as cores podem ou não combinar). Na tabela que segue, incluí algumas das principais cores para cada chacra.

CHACRA	LOCALIZAÇÃO	ENERGIA	COR	CRISTAL
1º (base)	Base da coluna	Proteção, sobrevivência, equilíbrio	Vermelho	Hematita, turmalina negra, jaspe vermelho
2º (sacro)	Entre o umbigo e o osso do púbis	Sensualidade, energia criativa, coragem	Laranja	Calcita laranja, cornalina
3º (plexo solar)	Metade do tronco	Poder pessoal, abundância	Amarelo	Citrina
4º (coração)	Meio do peito	Amor, confiança	Verde	Quartzo rosa, aventurina verde, serpentina verde
5º (garganta)	Região da garganta	Comunicação, expressão pessoal	Azul	Ágata laço azul, sodalita, crisocola, lápis-lazúli
6º (terceiro olho)	Entre as sobrancelhas	Intuição, ideias, pensamentos, sonhos	Índigo	Ametista
7º (cabeça)	Topo da cabeça, ou logo acima	Lucidez, grau de consciência elevado	Violeta	Cristal de quartzo, ametista

MEDITAÇÃO RESPIRATÓRIA

As pessoas *adoram* esta meditação. É uma ótima maneira de liberar a energia retida — e hoje eu sei o significado real disso! Antes, ouvia "liberar a energia retida" e pensava: "Que energia? Retida onde?". Agora entendo que armazenamos energia no corpo, mas muitas vezes não a liberamos. É a mesma coisa que segurar as palavras quando você quer gritar. A respiração permite que você abra a caixa de Pandora e se livre dela para poder seguir em frente.

A meditação respiratória também prepara você para relaxar por completo ao meditar. Você se exaure, física e emocionalmente, chegando a um lugar de absoluta calma e imobilidade. É o mesmo que acontece na ioga. Sabia que o principal objetivo das posturas é permitir que você consiga ficar imóvel na meditação (a postura de relaxamento do corpo inteiro conhecida como *savasana*)?

Vou passar a palavra a um de nossos incríveis professores de meditação respiratória, Jon Paul Crimi. As aulas dele lotam em questão de minutos, e muita gente jura que mudou de vida depois delas. Eis o que ele diz a respeito do trabalho com a respiração e seu poder:

A meditação respiratória é uma ferramenta incrível para levar você a um lugar de paz, o que é muito bom para as pessoas que têm dificuldade em ficar imóveis e meditar. É uma experiência parecida com malhar, só que usando a respiração. Basicamente, você respira pela boca de uma maneira mais intensa, o que ativa o sistema nervoso simpático — o da reação "lutar ou correr" — e coloca você imediatamente no momento presente. Mas, como está fazendo isso num ambiente seguro, o efeito é a liberação dos traumas retidos.

Coisas que aconteceram com você e que nem percebe que ainda estão aí dentro aparecem e são postas para fora.

Os primeiros dez minutos podem ser sofridos, como numa ginástica. Tem gente que sente tontura nas primeiras duas ou três vezes que faz essa meditação, mas depois de alguns minutos isso passa. Sempre lembro às pessoas: "Você está deitado, então não vai desmaiar! Se estiver disposto a insistir e superar, vai ter uma experiência forte e profunda". O efeito e os resultados são inegáveis. Uma coisa que costumo ouvir é: "Parece que numa aula ou numa sessão fiz um ano de terapia!".

É melhor fazer a meditação respiratória com um orientador experiente. Os estúdios de ioga costumam ser uma boa fonte para pedir indicação de professores.

Sou consultor, e o lado esquerdo do meu cérebro é o predominante. Em geral, não teria tempo ou paciência para meditação. Foi meu médico quem disse que eu deveria fazer isso, porque meu estresse e meu colesterol estavam altos. Quando procurei um especialista holístico em vez de começar a tomar remédio, foi como ganhar uma nova oportunidade na vida. Comecei as aulas de meditação respiratória e fim de papo — fiquei viciado. É a melhor droga que existe!

TED, 50 ANOS, CONSULTOR

BANHO SONORO

Se você nunca experimentou um banho sonoro, deveria! É uma experiência meditativa profunda, em que um especialista usa gongos, sinos, tigelas, tambores e outros instrumentos para criar uma imersão. Adoro essa prática, porque engloba muita coisa. Seu corpo é envolvido e embalado pelo som. Portanto, é apaziguador e muito reconfortante. Só de ficar deitado sentindo as vibrações em todo o seu corpo, o estresse literalmente explode para fora de você.

Temos a enorme sorte de contar com Guy Douglas, um dos maiores especialistas em banho sonoro que existe, para realizar sessões nas noites de sábado no Unplug. A sala está sempre lotada para essa experiência superlegal: você fica completamente envolvido, sendo transportado para fora do corpo e para a vibração curativa do som.

É assim que Guy explica do que se trata:

> O banho sonoro é uma experiência de meditação que usa o som para apagar o monólogo interior e levar você ao grau zero da meditação. A Nasa fez gravações no espaço sideral, e os sons de gongos e tigelas que a gente ouve são muito parecidos; assim, você fica alinhado com a energia infinita, primitiva. Os sons permitem que você atinja um nível mais profundo do ser, o que é ótimo para quem ainda não está acostumado com a meditação. São camadas harmoniosas de prática, que extraem você do seu ego e o colocam em conexão direta com seu verdadeiro eu. As vibrações limpam os canais de tudo aquilo que fica estagnado dentro de nós para alcançarmos nossa sabedoria e nossa verdade — quaisquer que sejam elas para cada um de nós. Parece algo distante, mas é assim mesmo!

O banho sonoro também nos cura. Culturas do mundo inteiro usam a música, há milhares de anos, para curar: pense nos sinos das igrejas ou nos tambores dos indígenas americanos. Os tons e as frequências do banho sonoro provocam uma vibração em sincronia que nos afeta no nível celular mais profundo.

Muitos estúdios de ioga realizam banhos sonoros, e na maioria das cidades americanas é bastante fácil achar um. É preciso tomar cuidado com onde você o faz, porém, porque alguns podem ser ruins. O banho sonoro precisa ser apaziguador, não dissonante. Do que eu gosto especialmente nas aulas de Guy é que ele tem talento musical. Não é apenas um cara batucando e explodindo nossos tímpanos. Procure pesquisar um pouco para ter certeza de que o especialista que está cogitando é de fato bom.

MEDITAÇÃO INFANTIL

Por mais que esteja informado de todas as evidências científicas e vivencie todo tipo de transformação dentro de si, quando você vê a meditação funcionar com seu filho a coisa atinge um patamar inteiramente novo.

Ficar parado respirando é uma coisa que não parece nem um pouco divertida para crianças, e na maioria dos casos é preciso convencê-las a experimentar. Convencer meus filhos foi uma das melhores coisas que fiz como mãe. Todos três experimentaram a meditação com relutância, mas depois gostaram (mais ou menos como um monte de adultos que conheço). E hoje eles meditam todo dia? Nem de longe. Mas sabem usar a meditação quando necessário, como uma ferramenta de equilíbrio pessoal? Com certeza. Antes, quando pedia a meu filho que desligasse o Xbox, ele surtava e jogava o controle em cima de mim. Agora, ele respira fundo três vezes e se limita a sair do quarto. Bem melhor que ficar jogando as coisas pelos ares, não? Se um incêndio consumisse meu estúdio de meditação amanhã, só por isso tudo já teria valido a pena!

Pedi a Laurie Cousins, que dá nossas aulas de meditação para crianças, que explicasse por que essa prática é tão benéfica para elas. Eis o que ela disse:

A meditação pode ser uma ferramenta maravilhosa para ajudar a criança a se equilibrar emocionalmente por conta própria, a ser menos impulsiva e a conseguir concentrar a atenção naquilo que quer, em vez de se deixar distrair. A meditação a ensina a respirar quando se sente ansiosa e a perceber a raiva e trabalhá-la no mesmo instante. Ela ajuda a criança a entrar em contato com o corpo e com a alma. Permite que encontre um senso de gentileza e de conexão consigo mesma e com os outros, o que é útil na relação em sociedade.

Em particular, a meditação é muito útil para alunos do sexto ano em diante. Eles compreendem o conceito do eu e da consciência de si, e ser capaz de perceber o próprio monólogo interior tem um imenso valor. Quanto mais se aprofundam e exploram essa relação consigo mesmos, mais podem ouvir o próprio bom senso e as próprias ideias, tomando atitudes benéficas em vez de manter hábitos inconscientes prejudiciais.

Vejo o tempo todo crianças sendo capazes de se voltar para si mesmas de uma maneira sadia, em vez de optar por caminhos não sadios, para lidar com aquilo que parece impossível de lidar. Com todo o estresse e todas as expectativas que envolvem ser criança hoje, a meditação lhes proporciona maneiras de desacelerar e identificar que estão nervosas, que existe uma pressão, para então decidir como abordá-la de maneira útil.

Eis dois "truques" para fazer seus filhos meditarem. O primeiro é dar o exemplo. Como diz Laurie: "As crianças prestam mais atenção ao que fazemos do que ao que dizemos. Se nos virem dando uma pausa e respirando, fazendo algo silencioso ou apenas focando numa coisa de cada vez, conscientemente, vão prestar atenção e querer fazer. Assim que tentamos forçá-las, elas percebem nossa intenção e passam a não querer fazer".

A outra forma é tornar a meditação divertida. Experimente meditações guiadas bem curtas ou até uma meditação caminhando, se elas forem hiperativas. Para a maioria das crianças, palavras como "calma" e "imobilidade" são o mesmo que tortura. Existem por aí muitas meditações ótimas para crianças. Eis minhas três favoritas para você começar:

MEDITAÇÃO DA GARRAFA

Esta meditação é ótima para mostrar como funciona o cérebro quando as crianças estão agitadas em comparação com quando estão calmas. Além disso, é desafiadora e física — duas coisas que as crianças adoram. Eis como executá-la:

1. Encha uma garrafa com água e purpurina. Minha cor favorita é roxo, mas escolha qualquer uma de que elas gostem. Verifique se a tampa está bem fechada.

2. Explique que a mente é uma garrafa e que a purpurina representa os pensamentos e as emoções.

3. Agite a garrafa e diga que é assim que a mente fica quando você está zangado, apressado ou estressado.

4. Peça a seu filho que inspire e expire lentamente com você, então mostre como, ao respirar, tudo se assenta e fica claro — exatamente como a água na garrafa.

MEDITAÇÃO PARA ACALMAR O CHORO

Esta meditação foi tirada do consagrado programa Criança Interior, de Susan Kaiser Greenland, autora do amplamente elogiado *Meditação em ação para crianças*. Susan é considerada uma das principais professoras de atenção plena para crianças e adolescentes. Esta é uma forma brilhante de fazer com que elas desacelerem a respiração e se acalmem.

1. Faça seu filho imaginar que está num jardim repleto de lindas rosas. Peça que cheire as flores à sua volta, puxando o ar pelo nariz pelo máximo de tempo possível.

2. Em seguida, faça-o esticar o indicador à frente dele. Peça que imagine que é uma vela e que sopre suavemente para fazer a chama vacilar. O objetivo não é apagar a vela, mas soprar lenta e suavemente pelo maior tempo possível.

Depois que ele fizer isso dez vezes, constate a transformação.

MEDITAÇÃO JÁ PARA A CAMA

Esta é outra meditação de Susan Kaiser Greenland que costuma ser ensinada por Laurie Cousins nos nossos cursos para crianças. Com ela, a hora de ir para a cama deixa de ser uma tortura e se transforma numa rotina à qual as crianças reagem muito bem. Pratique-a por três minutos, e elas vão cair no sono num passe de mágica.

1. Peça a seu filho que escolha um bichinho de pelúcia favorito.

2. Deite-o na cama e coloque o bichinho em cima da barriga dele.

3. Peça que observe o bichinho subindo e descendo com a respiração. Os pensamentos e as preocupações do dia vão desaparecer enquanto a criança se concentra nele e respira.

O grande segredo da meditação

Existe uma forma de levar sua prática a um nível superior, de ir mais fundo, de viajar pelas profundezas de sua alma rumo a uma consciência mais elevada, além de qualquer coisa que você já sentiu. Esse é o segredo conhecido por sábios, monges e iogues, da Antiguidade aos dias de hoje. É o passo que transforma a prática deles de poderosa em simplesmente extraordinária. E agora vou compartilhá-lo com você.

Está pronto?

Apenas pratique por períodos de tempo mais prolongados.

É isso.

Os alunos ficam pedindo o tempo todo a Davidji a "técnica avançada" de meditação, mas ele responde: "É só isso!". Não há nada além. A única maneira de crescer e se aprofundar é persistir na prática e realizá-la por um pouco mais de tempo, com um pouco mais de frequência.

A chave é a constância. Sei que pode ser fácil pular fora do trem da meditação, principalmente quando você tem a sensação de já ter obtido os resultados positivos que buscava quando iniciou a jornada. Mas também sei que, se eu pular fora, posso recair nos mesmos hábitos. Continuo porque os resultados valem a pena. Quando medito, tudo fica melhor.

Um pouco por dia já faz muito, e, quanto mais tempo você ficar sentado e imóvel, mais profunda e gratificante sua vida será. Cinco minutos podem fazer uma diferença enorme em seu dia e em sua vida. Mas, quando se fala em meditação, quanto mais, definitivamente, melhor. Depois que você se sentir à vontade, experimente ficar sentado por dez minutos. Ou vinte, ou 45. Ou dê um grande passo e experimente um retiro silencioso — eu fiz um e foi transformador! Pense no nível megamasterplus das meditações.

A melhor forma de alcançar vinte minutos diários é ir aumentando aos poucos. Experimente o desafio de 28 dias para chegar lá:

Semana 1: 1 sessão diária de 1 a 5 minutos

Semana 2: 1 sessão diária de 5 a 10 minutos

Semana 3: 1 sessão diária de 10 a 15 minutos

Semana 4: 1 sessão diária de 15 a 20 minutos

Quando você medita por 28 dias seguidos, seu cérebro se transforma e todo o seu mundo se desloca junto. Todos os seus problemas vão desaparecer? Não. Mas sua reação a eles vai torná-los bem menos importantes. Você terá o poder de entrar em "férias internas" a qualquer momento e descobrir sua paixão, seu propósito e sua paz. O que torna você feliz? O que precisa deixar para trás? O que está fazendo no mundo? Como quer viver sua vida? Essas perguntas são respondidas quando você se desliga, senta em silêncio e medita.

Por isso, desligue por alguns minutos diários, depois por mais alguns minutos, e mais alguns. Simplesmente continue. Você já entendeu!

Referências

Por favor, visite <unplugmeditation.com> para aprender mais maneiras de explorar todos os tipos de meditação que você viu neste livro. No site (em inglês) você encontrará vídeos, tutoriais, blogs, produtos e muito mais. E, se passar pela região de Los Angeles, por favor venha visitar nosso estúdio. Vou adorar conhecer você!

Agradecimentos

Meu primeiro obrigada tem que ser para minha mãe, Ina Yalof, que sempre me disse que eu podia fazer tudo aquilo a que me propusesse, com exceção deste livro (hahaha). Quando contei o que pretendia, ela, que escreveu catorze livros, me explicou que eu não tinha como fazê-lo sozinha, com marido, três filhos pequenos e uma empresa nova. Por isso, me deu um presente: me apresentou a seu lendário agente, Richard Pine, que fez este livro acontecer com enorme facilidade.

Poucos dias depois, Richard almoçou com Doris Cooper, editora do meu primeiro livro, *Getting Over John Doe*. Ela sugeriu que ele deixasse este trabalho nas mãos da talentosa e extremamente perspicaz Diana Baroni, que adorou a ideia. Seu entusiasmo e comprometimento com o compartilhamento da mensagem com o mundo levaram ao projeto ideal. Me sinto uma felizarda por ter sido apresentada a ela. Então Richard me pôs em contato com a talentosa escritora Debra Goldstein, que se tornou minha colaboradora e minha mais nova melhor amiga. Enquanto trabalhávamos neste livro, Debra — que nunca havia meditado — e eu passamos um ano fazendo aula juntas, ouvindo podcasts e trocando e-mails o tempo todo. Por fim, ela começou a se dedicar à meditação e assim pôde me ajudar a criar um livro que atende perfeitamente às necessidades do iniciante.

Este livro nunca teria existido sem a paixão e a dedicação de muitos professores brilhantes, começando por minha sogra, Linda Schwartz, que me ensinou a respirar, visualizar e me acalmar — tudo isso em questão de minutos. Minha querida amiga Jennifer Schiff ajudou a criar o plano de negócios na mesa da cozinha de casa e foi quem bolou o nome. A orientação do lendário iogue Steve Ross — autor de *Ioga feliz*, proprietário da Maha Ioga, em Los Angeles, e meu guru na meditação e nos negócios — foi decisiva. Seu mantra "Se conseguirmos fazer mais gente praticar, o mundo será um lugar melhor" se tornou meu também e a razão de tudo o que faço.

Minha mais profunda gratidão às seguintes pessoas, que me orientaram, ensinaram e transformaram minha vida de mais maneiras do que eu poderia dizer: Olivia Rosewood, Davidji, Natalie Bell, Deepak Chopra, Mallika Chopra e Megan Monahan. Agradeço também aos professores, fixos e convidados, que contribuíram para este livro: Susan Kaiser Greenland, Laurie Cousins, Scott Schwenk, Johnny O'Callaghan, Lauren Eckstrom, Tracee Stanley, Sara Ivanhoe, Lena George, Amy Budden, Harry Paul, Heather Hayward, Jona Genova, Guy Douglas, Kelly Barron, Danielle Beinstein, Jon Paul Crimi, Ben Decker, Camilla Sacre-Dallerup, Jane Garnett, Christina Huntington, David Elliott, Carrie Keller, Paul Teodo, Sherly Sulaiman, Lili Pettit, Ali Owens, Donna D'Cruz, dra. Stefanie Goldstein, Ananda Giri, Jessica Snow, Laura Conley, Angela Whittaker, Light Watkins, Arianna Huffington, Agapi Stassinopoulos, Danna Weiss, Dean Sluyter, Dr. Belisa Vranich, Felicia Tomasko, Jonathan Beaudette, Kristen Luman, Aimee Bello, Peter Oppermann e Sally Kempton. Também sou grata à neurocientista Sara Lazar, do Hospital-Geral de Harvard, Massachusetts, e à cardiologista Tamara Beth Horwich, da Universidade da Califórnia, em Los Angeles, pelos conhecimentos médicos e pelas sugestões.

Minha incrível equipe no Unplug cuidou de tudo enquanto eu tinha prazos a cumprir. Obrigada, Lisa Haase, Deborah Brock, McKayla Matthews, Sheryl Seifer, Suzy Shelton, Katie Burton, Charlie O'Connor, Anjani Joshi, Chelsea Scerri, Joe Chambrello, Gola Rakhshani, Scott Ishihara, Shannon Estabrook, Shayne Collins, Yaron Deskalo, Casey Altman e Brendan Walters.

E, é claro, um enorme "valeu" a meus amigos e parentes, que me ajudaram, de um jeito ou de outro, a transformar este livro em realidade: Leslie Garfield, Stephen Yalof, Liora Yalof, Arthur Schwartz, Clarissa Potter, Ken Schwartz, Janie Liepshutz, Robin Berman, Christine Bernstein, Sam O'Conner, Lulu Powers, Inge Fonteyne, Heidi Krupp, Julie Rice, Elisabeth Cutler, Amy Peck, Lee Ann Sauter, Lisa Hersh, Beryl Weiner, Julie Cramer e Christie Lowe. E a Emma Krasner: obrigada por ter emprestado sua mãe durante um ano.

Uma saudação a meu chefe lá no céu, Herb Yalof. Pai, se você ainda estivesse aqui, talvez eu nunca tivesse precisado buscar sentido na vida.

Por fim, a meu marido, Marc, o homem mais atento que conheço. Você me manteve ligada à terra, para que eu não me dispersasse demais. Sou grata não apenas por ter você na minha equipe, mas por comandá-la. E a meus baixinhos, Austin, Tyler e Cooper, que agora são mais altos que eu (tirando Cooper): obrigada por serem tão inteligentes, animados, malucos, divertidos e carinhosos, e a razão primordial pela qual fiz tudo isto.

Índice

TIPOGRAFIA Adriane por Marconi Lima
DIAGRAMAÇÃO Osmane Garcia Filho
PAPEL Pólen Soft, Suzano Papel e Celulose
IMPRESSÃO Gráfica Bartira, junho de 2017